ASTROLOGISCHE PSYCHOLOGIE

Pluto – ein kleiner Brocken am Rande unseres Sonnensystems und am Rande unseres Bewußtseins. Dahinter kommt ein Abgrund.

Ignorieren wir ihn? Fallen wir hinein ?
Oder erforschen wir seine Tiefen, um die Welt und uns besser verstehen zu lernen?

In diesem Buch sind astronomische Daten zu Pluto, mythologische Überlieferungen und Deutungen der klassischen Astrologie vereint.

Sie werden ergänzt durch neue Ansichten für ihre Anwendung in der modernen Astrologischen Psychologie.

Die Astrologische Psychologie ist eine von Louise und Bruno HUBER entwickelte und in der Praxis erprobte Methode, die psychologischen Prozesse eines Menschen zu erkennen und zu verstehen, um ihm damit die größtmögliche Handlungsfreiheit bei der Gestaltung eines erfüllten Lebens zu geben.

MARA KERBER

GANZ AM RANDE

PLUTO

FAKTEN UND ANSICHTEN

Umschlag: Astrid Kerber

Verlag SAGMINA Berlin

Druck und Herstellung: tredition GmbH, Hamburg

Printed in Germany

Bibliografische Information der Deutschen Nationalbibliothek: Die Deutsche Nationalbibliothek verzeichnet diese Publikation in der Deutschen Nationalbibliografie; detaillierte bibliografische Daten sind im Internet über http://dnb.d-nb.de abrufbar.

Inhalt

Vorwort

Sie schauen aufs Thermometer, sehen -5 Grad Celsius und sagen: es ist kalt – wenn Sie in Europa sind – oder Sie sagen: es ist warm – wenn Sie in Alaska sind. Das Objekt selber zeigt nur eine Messgröße an, deren Parameter vormals durch beobachtende Erfahrung festgelegt wurden: Grad, Celsius, Plus, Minus. Die Auswertung von heiß oder kalt, angemessen, angenehm oder unangenehm ist einerseits eine kollektiv vereinbarte, andrerseits eine persönliche Empfindung. Deren Wertung wiederum hängt von ihrer aktuellen persönlichen Situation und Befindlichkeit ab. Niemand würde sagen: das Thermometer ist schuld, daß ich heute frieren muß. In der astrologischen Psychologie steht ein Planet für die Anzeige von Zuständen, Handlungsveranlagungen und Verlangen. Die Situation des Planeten selber zeigt nur eine Messgröße an, deren Parameter vormals durch beobachtende Erfahrung festgelegt wurden. Der Unterschied zum Thermometer liegt darin, daß dieses vom Menschen hergestellt wurde, als wissenschaftliches Objekt gilt und angefaßt werden kann. Ein Planet kann nicht angefaßt werden und seine Zuordnungen befinden sich ausschließlich im geistigen Raum. Deshalb gilt Astrologie als nicht wissenschaftlich. Doch auch hier ist es falsch zu sagen: der Planet soundso ist schuld an meinem Zustand. Ein Planet ist ein astronomisches Objekt und ob es als solches einen Einfluß auf menschliches Geschehen oder Erleben nimmt ist unbekannt. Bekannt sind aber die psychologischen Zuordnungen eines bestimmten astronomischen Objektes zu einer bestimmten Zeit. Nun ist es aber sprachlich oft schwierig, diese Zuordnungen jeweils alle zu benennen. So hat es sich eingebürgert zu sagen: Saturn macht ..., Pluto macht..., das Tierkreiszeichen xy bringt... und so komme auch ich nicht umhin, diese Gepflogenheit anzuwenden. Ich bitte um Nachsicht.

Und wie Sie wahrscheinlich sagen, wenn Sie auf dem Thermometer die Anzeige von -20 Grad sehen: oh, es ist kalt, ich sollte mir was Warmes anziehen oder heizen, so werde ich sagen, wenn der Merkur meines Horoskopes durch einen Transit oder den Alterspunkt aktiviert wird: oh, ich sollte anfangen zu schreiben oder mehr auf meine Sprache achten. Ob man es dann tut, bleibt einem selber überlassen. Denn schließlich darf jeder frieren oder ungehört sein, solange er will und weder das Thermometer noch Merkur wird daran etwas ändern.

♅ Uranus entdeckt 1781 von W. Herschel.

Astrologisch steht er für schöpferische Intelligenz, Erfindergeist, Eigenwilligkeit, Unruhe

♆ Neptun entdeckt 1846 von Le Verrier und J.C. Adams, wobei die Rolle des Letzteren etwas unklar ist; Position berechnet von G.Galle

Astrologisch steht er für liebende Verbindung, Idealismus, Mystik, Täuschung, Sucht

♇ Pluto entdeckt 1930 von W. Tombaugh. Astrologisch steht er für geistige Vervollkommnung, Führung, Macht, Fanatismus, Verblendung

Die geistigen Planeten

Pluto gehört zusammen mit Neptun und Uranus zu den drei Neuen, den geistigen Planeten, die erst in der Neuzeit entdeckt wurden. Im Unterschied zu den bereits seit alters her bekannten Planeten, die den Menschen in seinem erdgebundenen Dasein beschreiben, zeigen uns diese den Raum dahinter; die tiefere Motivation des Menschen über das eigene Ego hinaus. Die fünf Planeten, die Sonne und den Mond kann man mit bloßem Auge sehen. Um diese drei Geistigen sehen zu können, braucht man technische Hilfsmittel und passend dazu wurde Uranus als erster mit Hilfe des ersten Fernrohres entdeckt. Uranus gilt ja als Planet der Entdecker und Erfinder und als geistiger Antrieb, die äußeren Umstände des Menschen zu verbessern. Wir nennen sie geistig, transpersonal, oder spirituell, weil wir damit höhere Regionen des Bewußtseins verstehen können. Gemeint ist der Raum jenseits der Materie, deren Grenze von Saturn symbolisiert wird. Es geht um Erfahrung, Erkenntnis und Wachstum im geistigen Sinne, um den Sinn des menschlichen Daseins.

Die Menschheit als Ganzes trat hervor aus dem rein existentiellen Überleben zu den Fragen des Woher und Warum und Wohin.

Dem Sinn dieser Ära entsprechend zeigen uns diese astrologischen Sinnbilder das Eingebundensein des Einzelnen in eine bestimmte Gruppe, wie auch sein individuelles Erleben und seine Möglichkeiten der Bewußtwerdung und seines höheren Strebens. Diese Ebene aber entzieht sich dem direkten menschlichen Zugriff. Und solange uns diese Kräfte unbewußt bleiben, erleben wir sie als Kollektivschicksal und als Geschehen von außen, meist als Verletzung unserer Person. Dabei sollten wir nicht vergessen, daß diese drei „Neuen Planeten“ oder „Geistige“ im Verständnishorizont des Menschen noch sehr jung sind, im Vergleich zu den seit etwa fünftausend Jahren benannten alten.

Es geht also darum, in unserem Bewußtsein ein Leitbild dieser den geistigen Raum kennzeichnenden Kräfte zu etablieren. Wir müssen sie persönlich kennen lernen wollen, müssen versuchen, sie zu verstehen. Dann können wir sie zu unserem persönlichen Wachstum einsetzen. Wohlgemerkt, ich sage Wachstum, nicht Vorteil.

Natürlich gab es auch vor der Entdeckung dieser Planeten diesen Raum und auch Menschen, die ihn ahnten, kannten oder zu verstehen versuchten. Mit ihrer Entdeckung aber traten sie in das Bewußtsein der gesamten Menschheit ein.

In der Astrologie beobachtete man jeweils bedeutende Veränderungen im Verlauf der Geschichte nach der Entdeckung der geistigen Planeten, oder auch wenn sie in ein neues Zeichen eintraten. Die archetypischen Leitbilder, die uns innewohnen, bekamen einst ihren Ausdruck durch Mythen und Erzählungen über Göttergestalten oder auch Märchen. Und so tragen die Planeten Götternamen, die uns über diese Geschichten Einblick in die ihnen zugeordneten Qualitäten geben. Die drei neuen sind Uranus, der Gott des Himmels, Neptun, der Gott des Wassers und Pluto, der Gott der Unterwelt.

In der Übersetzung ist dann Uranus dem Denken übergeordnet, denn Himmel ist Element Luft welches für Denken steht. Wasser als Element steht für Gefühl, somit ist Neptun dem Gefühl übergeordnet. Pluto ist zwar astrologisch durch sein Zeichen Skorpion dem Wasser und somit auch dem Gefühl zugeordnet, er entzieht sich aber als Herrscher über das Unsichtbare jeglicher Nomenklatur. Er steht sowohl für das Unbewußte wie auch für das Überbewußte.

Das sind die gängigen termini. Vielleicht müßten wir sonst Seele oder Pneuma sagen.

Symbole

Für die Darstellung von Pluto wurden, und werden zum Teil immer noch, verschiedene Symbole verwendet.
Von links nach rechts in der Zeichenreihe:
Häufig anzutreffen ist (1) es sind die **Initialen von Percival Lowell**, ein bedeutender Astronom des 19. Jahrhunderts, dessen Namen die Sternwarte in Arizona, USA trägt.

Auch (2) ist öfter noch zu sehen: es heißt **Phönix aus der Asche** und ist die Darstellung des Neu Erstandenen nach scheinbarer völliger Vernichtung.
Die Pluto Entsprechungen: (3) **Chymische Hochzeit** (Alchemie), (4) **Die Anbetung des Geistes** (Medialität) und (5) **Geist Seele Körper** (Kultische Haltung) wird je nach Verständnis des Astrologen verwendet oder ist in älteren astrologischen Texten zu finden.

Die Formelemente zeigen uns bildlich die Themen, die das Symbol selber ausdrückt:

Punkt = Ort, Ich **Pfeil** = Kraft, Bewegung

Kreuz = Form, Körper **Doppelkreuz** = Tote Form

Kreis = Geist, Raum **Halbkreis** = Seele, Sensitivität

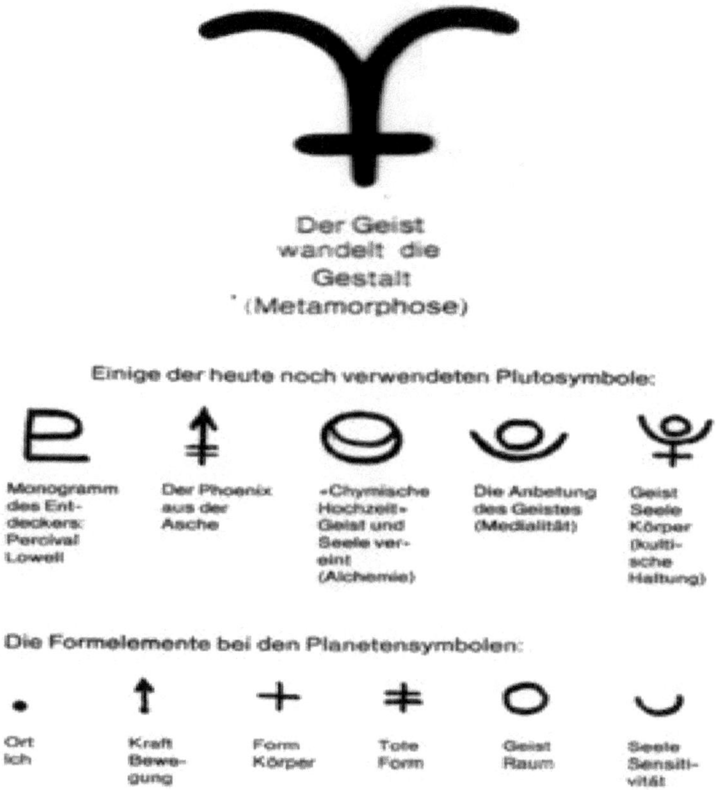

Abb.: „Pluto in den 12 Häusern“ Bruno Huber, Autodidacta Studienheft Nr. 108

die Handlungsantriebe des Menschen

♇

Pluto: Geistiges Streben

☉

Sonne: persönliche Ziele

♂

Mars: instinkthaftes agieren

Eigenschaften

Die Schlagworte, die man im astrologischen Zusammenhang mit Pluto hört, sind Macht, Gewalt, Katastrophen und Zerstörung. Er steht für ungezügelte Leidenschaft und Aggression, die zu Verderben und Tod führen. Er zeigt fixe Leitbilder, die bis zur Besessenheit einem Dogma folgen. Er steht für Sexualität und Tabuthemen aller Art.

Die ihm zugeordneten Eigenschaften heißen gewalttätig oder triebhaft, zerstörerisch, manipulativ oder auch perfektionistisch, egomanisch, hartherzig und gewissenlos.

So scheint er sich zu zeigen, wenn man die gewaltigen Energien, die Pluto verkörpert, blind in die Hand nimmt und zu eigenem Vorteil nutzen will.

Beachtet man die geistige Dimension, so sind seine Stichworte immer noch Macht und Ohnmacht, vor allem aber Metamorphose, also ein „stirb und werde", ein Neubeginn durch Zerstörung des Alten, nicht mehr Genügenden, und „wie Phönix aus der Asche". Er ist der unbändige Wille, der nach dem absoluten Ergebnis trachtet. Verdrängtes und Verbotenes, die ungeliebte dunkle Seite drängt ins Bewußtsein und vervollständigt unser Bild von uns. So kann Pluto, der große Verletzer auch als großer Heiler gesehen werden. Er wird zum inneren Führer, zur

Stimme des Geistigen Selbst. Pluto ist Macht, nicht Gewalt. Auch wenn durch Pluto initiierte Ereignisse meist gewaltsam auf uns einwirken. Der oft zitierte Satz aus dem Dao De Dsching des Lao-Tse paßt hier wirklich sehr genau: " Macht hört da auf, wo Gewalt anfängt."

Pluto symbolisiert das Bild des idealen Menschen, ist ein Leitbild inneren Strebens nach vollkommener Individualität. Ein höherer Wille, der uns motiviert und unsere stärkste innere treibende Kraft darstellt. Allerdings bekommen wir nur durch bewußte geistige Anstrengung Zugang zu dieser Kraft und völlig in der Hand haben wir sie niemals. Verweigern wir diese Anstrengung, werden die durch Pluto angezeigten Kräfte dennoch in unser Leben treten. Meist erleben wir sie dann als persönliche Krisen oder gar Katastrophen, die uns, manchmal, dann dazu bringen, genauer auf unser Leben und Erleben zu schauen, Dinge zu ändern oder Erfahrungen neu zu bewerten. Nicht zu vergessen ist aber auch, daß Pluto Anzeiger für das Thema einer ganzen Generation ist, wie generell die geistigen Planeten das Generationsthema ihres jeweiligen Bereiches darstellen.

An dieser Stelle scheint es mir angebracht, auf die Thematik von Determinismus und Schuld einzugehen.

Determinismus und Schuld

Über die Frage, ob der Mensch determiniert, und damit völlig abhängig von den Umständen sei, und damit sein Leben einen schicksalhaften Verlauf nähme, auf den er keinerlei Einfluss habe - oder ob er einen freien Willen habe und damit weitgehend über sein Leben selbst entscheiden könne, ist zu allen uns bekannten Zeiten heftig nachgedacht und diskutiert worden.

In jeder Epoche und jedem Kulturkreis scheint die Frage ein wenig anders beantwortet zu werden. In jenen Gesellschaften, in denen der Zusammenhalt der Gruppe das existentielle oder auch geistig/kulturelle Überleben sicherte, wurde diese Frage mit der Bejahung der schicksalhaften Bestimmung des Menschen beantwortet. In dem Maße, in dem das Individuum in den Vordergrund trat, wurde diesem auch selber ein größerer Handlungsspielaum zugestanden.

Doch selbst dort, wo das Leben als Schicksal begriffen wird, wird vom Einzelnen eine Handlung verlangt, eine Entscheidung. Das ist das Thema aller großen überlieferten Geschichten. Und Pluto als treibende Kraft eines Höheren Willens spielt hier die Hauptrolle.

Nachdem Sie also Abhandlungen zum Thema Determinismus versus freier Wille von den Griechen über Kant bis Engels und auch die Geschichten von den Göttersagen bis zur heutigen Weltliteratur selber lesen können, verlangen Sie nicht von mir eine Beantwortung dieser Frage mit letztschlüssiger Begründung und Handlungsanleitung.

Ich selber stimme Kant insofern zu, als ich den Menschen und seinen Willen als frei und gleichzeitig unfrei denke. Meiner Meinung nach wird das auch durch die Astrologische Psychologie anschaulich belegt. Der Mensch wird in eine bestimmte Zeit, in eine bestimmte Gegend dieser Welt, in eine bestimmte Kultur und Gesellschaftsform und eine bestimmte Gruppe hineingeboren. Das kann er, nach esoterischem Verständnis, vielleicht vorher festlegen aber sich dann, nach dem Geworfensein in diese Welt, nicht mehr aussuchen. An den drei, die Generationen beschreibenden Planeten, können wir ablesen, nach welchen Idealen diese Welt zur Zeit unserer Geburt geformt wird. Dabei gilt Neptun als Ideal der Verständigung, Uranus als Ideal der konkreten Welt und Pluto als Ideal des vollkommenen Individuums.

Diese Vorstellungen über die Beschaffenheit der Welt prägen uns von der ersten Minute unseres Lebens an. Wir nehmen sie atmosphärisch als Zeitgeist und als Stimmung rings um uns herum auf und dann als Regeln und Gesetze. Wir halten unsere so gewordene Meinung von der Welt für **die** Welt. Je nach eigener veranlagter Struktur und der Bewußtwerdung als Individuum, das sowohl mit dem Ganzen verbunden ist als auch ihm gegenüber steht, erkennen wir später die Welt als Gegebenes und als

Gedachtes und Gemachtes sowie unseren Platz und unsere Wahlmöglichkeiten darin. Bis zu diesem Zeitpunkt sind aber die tiefsten und dunkelsten Keller unseres Verstandes und Empfindens schon gefüllt mit Verboten und Geheimnissen, mit Tabu und tödlichen Ängsten. (und hier herrscht Pluto) Unser Verstand hält Signale von dort für brauchbare Argumente und kreiert dieses Über-Ich, das die Anforderungen der Umwelt für unabdingbar hält. Es bedarf wahrhaftiger Anstrengungen, die Fragen nach dem eigenen Ich, dem warum woher und wofür zu stellen. Und das ist nur der allererste Schritt. Dann gilt es auszuloten: welchen Platz habe ich in dieser Welt tatsächlich inne. Kann ich ihn ausfüllen, paßt der zu mir. Und um welchen Preis könnte ich denn eine Änderung herbeiführen. Denn ein Preis wird immer verlangt.

In meiner Kindheit wurde mal gesagt: Nichts ist umsonst, nur der Tod. Und irgendwann hat dann ein Schlauer geantwortet: nein, stimmt nicht, der Tod ist nicht umsonst, er ist das Teuerste – er kostet das Leben.

Bei Pluto geht es immer um hergeben, das was uns am Teuersten ist. Der Mythos wird uns das noch ganz anschaulich erzählen.

Ich bin von Geburt an also determiniert, festgelegt in einer ganz bestimmten Weise: durch die Art und Weise meines Körpers, die Beschaffenheit meiner Umgebung, die meiner Kultur, durch meine Sprache. Meine Freiheit besteht darin, die Gesetzmäßigkeiten zu erkennen und zu verstehen und die vorhandenen Freiräume zu finden und zu gestalten. Gegenwärtige Generationen scheinen stärker denn je eine eigene Definition von sich selbst zu suchen. Allerdings sollte es bei diesen Fragen um mehr gehen, als um äußeres Aussehen oder Auftreten.

Doch das ist meine Freiheit: zu entscheiden zwischen Anpassung, Rebellion und verantwortlicher Änderung.

Um einiges schwieriger stellt sich für mich die Frage nach der Schuld. „Die ist doch selber schuld" an Krankheit, Unglück oder Leid, was auch immer. Nicht so ungewöhnlich, dieser Satz, nicht wahr? Damit setzen wir voraus, <u>wir</u> wüßten immer, was die Anderen zu erkennen und zu leisten vermögen, wir wüßten das „Richtige" und wir wüßten um die vielen feinen Verwicklungen und Verwirrungen, um alle Konsequenzen, die eine Handlung zur Folge hat. Wie sehr die Generationsthemen das Leben des Einzelnen bestimmen ist sehr unterschiedlich und die Frage danach nicht pauschal zu beantworten.

Entdeckung

Wie tauchte Pluto nun im geistigen Horizont des Menschen auf?

Die plutonischen Kräfte im Menschen sind ja schon seit alter Zeit beschrieben. Als Erklärungsmodell für Massenerscheinungen und als Orientierungshilfe für die weitere Entwicklung des Einzelnen dient uns heute der Planet Pluto, der Anfang des 20. Jahrhunderts entdeckt wurde.(In der momentanen Bezeichnung heißt er korrekt Zwergplanet Nr. 134340 Pluto)

Seine Entdeckungsgeschichte finde ich genauso spannend wie seine astronomischen Daten und das spätere Hickhack um seine Zuordnung.

1781 war durch Herschel der Planet Uranus entdeckt worden. Seine Bahndaten schienen gestört zu sein, also mußte es noch einen großen Körper dort geben, der das verursachte. 1846 wurde dann Neptun an der berechneten Position gefunden. Doch auch sein Bahnverlauf schien gestört zu sein, und so vermuteten die Astronomen noch einen weiteren Planeten jenseits des Neptun und suchten ihn zum Teil verbissen.

Percival Lowell, nach dem später das Observatorium in Arizona benannt wurde, war regelrecht besessen von der Aufgabe, diesen Planeten X zu finden. Es ist ihm nicht gelungen, jedoch appellierte er eindringlich an seine Kollegen, auch nach seinem Tode weiter danach zu suchen.

1929 wurde der Astronom Clyde W. Tombaugh mit der gezielten Suche nach diesem Planeten beauftragt. 1930 findet er statt des erwarteten Riesenplaneten einen ziemlich kleinen Brocken. Dieser kann nicht für die Abweichungen verantwortlich sein, dazu ist er zu klein. Im Jahr 1989 lieferte die Raumsonde Yoyager 2 neue Daten zur Masse von Neptun. Mit dieser neuen Masseberechnung sind die errechneten Bahnen korrekt. Der Planet jenseits des Neptun, der ja tatsächlich existiert, dieser Pluto nämlich, wurde also nur gefunden weil Neptun, so wie es seine ihm zugeschriebene Art und Weise ist, etwas vorgegaukelt hat. Ein Licht hinter dem Irrlicht zu finden, das hat etwas wirklich Neptunisches.

Die Astronomische Gesellschaft startete einen Aufruf zur Namensgebung, wobei es, wie ihre Vorgabe bei den anderen beiden war, (also Neptun und Uranus) ein Name aus der griechisch römischen Mythologie sein soll. Ein 11jähriges Mädchen, Venetia Burney aus Oxford, das sich grade intensiv mit diesen Göttergestalten beschäftigt, schlägt den Namen Pluto vor. Der Vater des Mädchens übermittelt diesen der Astronomischen Gesellschaft. Es ist der erste eingehende Vorschlag und wird angenommen. So geht die eine Geschichte, die gern weitergegeben wird. Sie könnte aber auch ein wenig neptunhaft sein und der in Astronomie belesene Vater die Vorgeschichte wissen. Da er selber nicht genannt werden möchte, schiebt er die Enkelin vor.

Diese Vorgeschichte geht so: 1818 zählt der Astrometeorologe Christian Daniel Gerdum sechs hypothetische Planeten auf, die seiner Meinung nach aber zwischen Saturn und Uranus zu finden seien. Dabei ist auch der Name Pluto.

Im Jahr 1897 behauptete der französische Astronom Fomalhaut (Pseudonym für Charles Nicoullaud) *„Es gibt einen Planeten jenseits von Neptun, der Pluto heißt"* allerdings setzte er dessen Domizil in den Widder und diese Zuordnung wird auch heute noch von der Österreichischen Astrologischen Gesellschaft gelehrt. Auch Adolf Ernestus Thierens, der als Begründer einer ernsthaften niederländischen Astrologie gilt, postulierte schon 1911, dass der nächste neu gefundene Planet die Eigenschaften Plutos haben werde, eventuell orientierte er sich dabei an Fomalhaut.

Die Passage lautete: *„Wenn der erste Planet hinter Neptun entdeckt wird, dann wird man wissen, dass er die Art des Mars in positivem Sinn besitzt, die Art von 'Pluto', 'Gott der Unterwelt'."*

In den kursierenden Informationen im Internet heißt es lediglich: Pluto ist aus einer Reihe von Vorschlägen ausgewählt worden, weil er so dunkel und unerforscht schien wie dieser Gott der Unterwelt selbst. Und im

Andenken an Percival Lowell, dessen Initialen die ersten beiden Buchstaben von Pluto bilden, wurde dieser Namensvorschlag angenommen und verbreitete sich schnell.

Astronomische Daten

Raumsonde „New Horizons“

Bis jetzt war wenig über die genaue Beschaffenheit von Pluto bekannt. Alle Daten über ihn stammten aus Berechnungen. Eine schon früher geplante nähere Untersuchung scheiterte an dem „wir sind die besten und können alles“ Anspruch der Amerikaner, ganz Pluto gemäß. Sie wollten eine eigene Trägerrakete entwickeln und nicht die vorhandene der Russen nutzen. Und dann scheiterte es an den Entwicklungskosten. Im Jahr 2006 startete dann aber doch eine amerikanische Raumsonde mit Namen New Horizons zum bisher entferntesten bekannten Planeten unseres Systems. Sie hat ihn im Juni 2015 erreicht, gerade noch rechtzeitig, bevor alle Atmosphäre um Pluto wegen der großen Sonnenferne gefroren ist und Untersuchungen ziemlich erschweren würde. Im März 2015 gab es die ersten Bilder der Annäherung von „New Horizons“ an Pluto zu sehen. Seit Juni 2015 sendet die Sonde “New Horizons“ Bilder und Daten von Pluto zur Erde. So rückt nun der ungeliebte Vermittler der dunklen Bereiche neu ins Licht der öffentlichen Wahrnehmung. Ich finde es immer wieder spannend, wie sich die faktischen Gegebenheiten ins Psychologische übersetzen lassen, und neue Vorgehensweisen auch neue Wege eröffnen.

Größe Zusammensetzung

Pluto hat einen Durchmesser von 2274km und ist damit kleiner als der Erdmond, was aus irgendeinem Grund immer wieder gern betont wird. Vielleicht, damit es uns leichter fällt, die Entscheidung über seinen geänderten Status als „Nicht Mehr Planet“ zu verstehen. Dabei spielt die Größe bei der Definition für einen Planeten überhaupt keine Rolle.

Man vermutet eine Zusammensetzung von ca. 70% Fels und 30% Wasser-Eis. Bei etwa minus 230°C ist seine Atmosphäre gefroren, wird aber in Sonnennähe teilweise gasförmig. 2010 entdeckte man Farbveränderungen, die Hinweise auf eine Art Jahreszeitgeschehen liefern. Wobei sein Jahr halt 248 Erdenjahre beträgt. Die Auswertung der von der Raumsonde übermittelten neuen Daten wird noch einige Zeit in Anspruch nehmen denn die Datenmenge ist riesig und die Übertragungsrate abhängig vom wechselnden Energiezustand der Sonde.

Umlaufbahn

Seine Umlaufbahn um die Sonne ist sehr langgestreckt, so daß der Abstand zur Sonne von 4425 Millionen km bis über 7460 Millionen km reicht. Weshalb eben auch die Atmosphäre mal mehr gasförmig und mal mehr gefroren ist. Aber auch die Umlaufbahn von Merkur, unserem innersten, sonnennächsten, Planeten, ist sehr exzentrisch; am Perihel, der Sonnennähe, sind es nur 46 Millionen Kilometer Abstand bis zur Sonne. Am Aphel, der Sonnenferne, etwa 70 Millionen Kilometer. Pluto, der äußerste, sonnenfernste Planet bewegt sich also in etwa drei Größenordnungen (oder 100 mal) weiter weg auf ähnlicher Bahn um die Sonne. Daß die beiden miteinander zu tun haben, erzählt auch schon die griechische Mythologie. In dieser führt Hermes, die griechische Entsprechung für Merkur, die Gestorbenen in die Unterwelt bis zum Fluß Styx. Dort werden sie von Charon über den Fluß gebracht. Merkur steht für Kommunikation und Denken.

Unser Denken kann uns also bis an die Grenze des inneren, unbekannten Raumes unseres Bewußtseins führen. Dann aber muß es zurückbleiben wie auch alle anderen Attribute menschlicher Macht.

Die Umlaufbahn des Pluto ist nicht nur exzentrisch sondern liegt auch in einer anderen Ebene als die der anderen Planeten: Sie ist um etwa 17 ° zu ihnen geneigt, so daß sich Neptuns Bahn und die des Pluto nur scheinbar und nicht wirklich schneiden. Außerdem ist der Bahnverlauf von Neptun und Pluto in einem 2:3 Verhältnis gekoppelt. Das meint, dass Pluto in der Zeit, in der sich Neptun drei Mal um die Sonne bewegt, zwei Mal um die Sonne läuft. Astrologisch bedeutet es meiner Meinung nach, daß die geistigen Anforderungen an Liebe und Verständigung und diejenigen an Macht und Willen unmittelbar miteinander verbunden sind. Sie sind gekoppelt, eines bedarf immer der Beachtung des anderen.

Dieser geneigte Bahn-Verlauf liegt außerdem in derselben Ebene wie die des Uranus. Wir bezeichnen Neptun, Pluto und Uranus in einem Atemzug als die drei geistigen Planeten, mit ihnen können wir die über das Ego hinausreichenden Prozesse definieren. Ihre astronomischen Besonderheiten verweisen uns anschaulich auch auf die besonderen Beziehungen dieser Prozesse untereinander, jedenfalls ist das mein Verständnis davon.

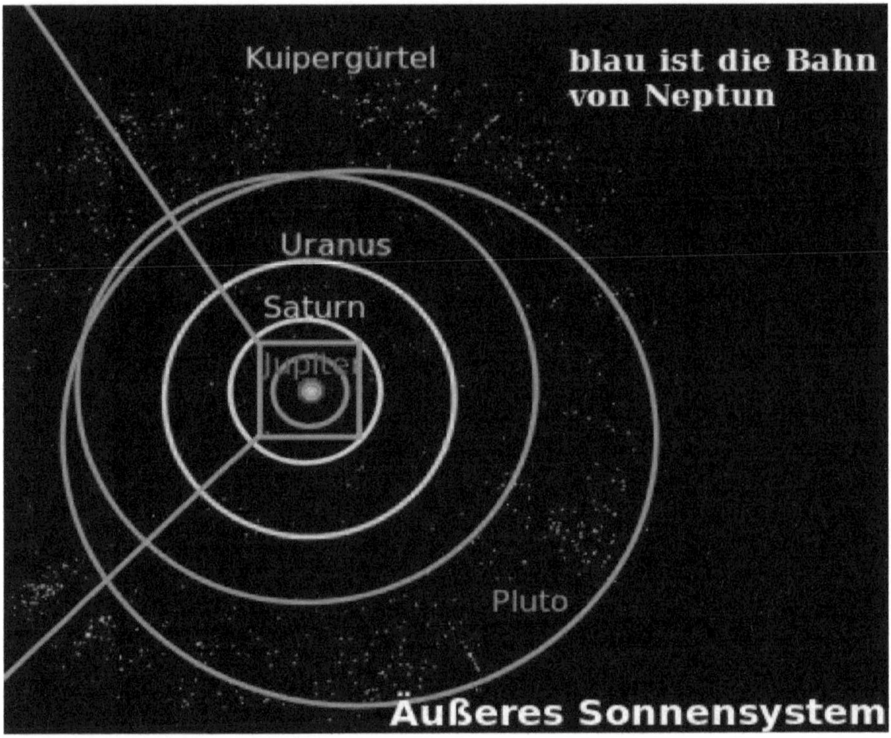

(Bild: NASA, public domain)

Pluto hat aber noch eine Besonderheit: Er gilt als äußerster bekannter Planet unseres Sonnensystems (ich erlaube mir, ihn weiterhin als Planeten zu bezeichnen) zeitweise befindet er sich aber noch vor der Neptunbahn, so daß dieser dann die uns bekannte Grenze zeichnet. Zuletzt war das in den Jahren Januar 1979 bis Februar 1999 so. Das Perihel, seinen sonnen-nächsten Punkt, passierte Pluto 1989.

Na, klingelt da was? In unserem unmittelbaren Massen -Umfeld (oder eben Land) gab es nach der vorherigen langen Erstarrung einen heftigen Wandel der gesellschaftlichen Struktur, dessen Auswirkungen noch deutlich anhalten. Weltweit sind ähnliche Prozesse in Gang gesetzt worden.

Sein Aphel, den sonnenfernsten Punkt, wird er im Jahr 2113 erreichen. Welche Aussagen das für das mundane Geschehen hat, wird vielleicht der eine oder andere Interessierte herauszufinden versuchen. Ich leite im Moment davon ab, daß Pluto zu Zeiten innerhalb der Bahn Neptuns einen stärkeren Einfluß des inneren menschlichen Geschehens beschreibt, zu den Zeiten als äußerer Planet mehr den eines evolutionären Entwicklungsziels. Er ist also die nächsten Jahre auf dem Weg zu weiteren und höheren Anforderungen unserer Vorstellung von uns selbst.

Ich sehe Pluto als den Mittler zwischen der Menschenwelt und einer höheren Geistigen Welt. Oder auch etwas irdischer formuliert: als Attraktor für höhere geistige Ideale. Ich sage „im Moment“, weil sich solche Aussagen durch neue Erkenntnisse, oder eine andere Beurteilung der bisherigen, durchaus ändern können.

Das sei bitte Jeder zugestanden.

Lange Zeit hatte Pluto für uns nur einen Mond mit Namen Charon, der auch erst 1978 entdeckt worden war. Charons Eigenbewegung ist so an die Bewegung des Pluto angepaßt, daß er ihm immer die gleiche Seite zudreht; so wie der Mond der Erde immer die gleiche Seite zeigt. Das ergibt ein sehr stabiles System. Auch Pluto zeigt seinem Mond Charon immer die gleiche Seite.

Orbite der Objekte im Plutosystem in Bezug auf das Baryzentrum

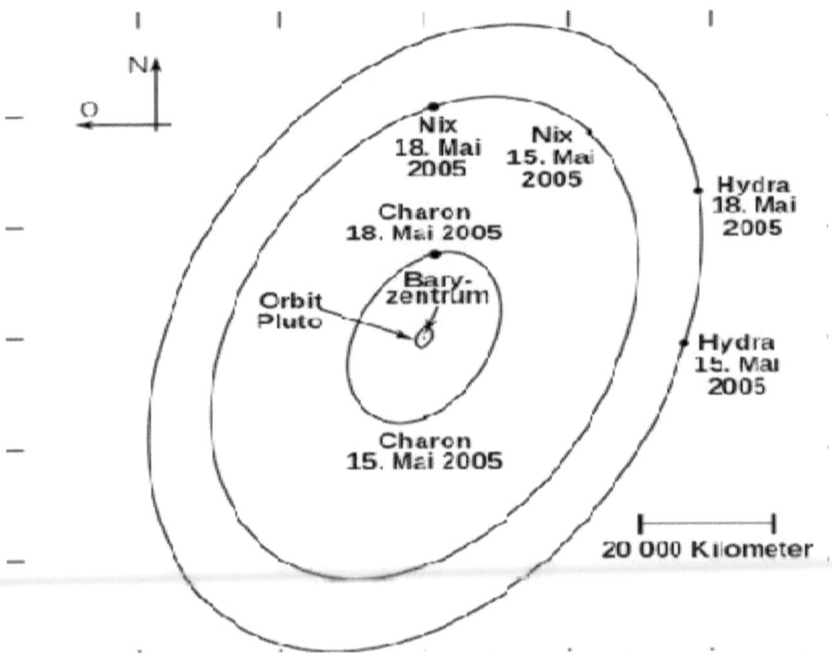

So halten einige Astronomen Pluto und Charon auch für einen Doppel-Planeten. Außerdem liegt der Masse Schwerpunkt dieses Systems außerhalb von Pluto, so daß also Pluto und sein Mond Charon sich nicht nur um sich selbst drehen, sondern auch beide um den gleichen Mittelpunkt kreisen. Diesem fügen sich dann die anderen Monde bei, immerhin sind es inzwischen fünf.

Die Eigendrehung des Pluto ist durch die Gezeitenkräfte an die Umlaufbewegung seines Mondes Charon gebunden. Damit sind Pluto und Charon die einzigen bisher bekannten Körper im Sonnensystem mit einer doppelt gebundenen Rotation. Pluto ist also tatsächlich etwas anders als die anderen Planeten. Er ist nicht nur einfach ein Planet, er ist ein System mit einem für uns nicht sichtbaren (aber erkennbaren) Zentrum. Für die Anwendung der astrologischen Psychologie erfordert das meiner Meinung nach eine etwas andere Sicht auf die Deutung der mit Pluto verbundenen Themen. Das wirkliche Problem ist nicht da, wo es zu sein scheint. Man muß zuerst das eigentliche Zentrum suchen und den „Übersetzer“ finden.

Irgendwie scheint mir das altbekannt und doch auch immer wieder kaum beachtet. Für Pluto-Themen heißt das: Nicht die erlebte Gewalt oder Ohnmacht, nicht die angemaßte Macht, nicht das sichtbare Geschehen ist das wirkliche Thema. Das sind „nur“ die Erscheinungsformen. Das Thema, um das es geht, ist die Auseinandersetzung mit der geistigen Reifung des Individuums wie auch der es umgebenden

Gesellschaft. Es ist meist nicht leicht, diese Unterscheidung zu treffen. Vor allem dann nicht, wenn die Umstände ein Individuum zu direkter Auseinandersetzung oder Anpassung zwingen. Es kann gelingen, wenn das Zentrum des Geschehens erfaßt werden kann. Wenn die Frage beantwortet werden kann: worum drehen sich eigentlich grade jetzt der Pluto als Gott der unbekannten und überwältigenden Macht und Charon, derjenige, (oder dasjenige) der mich zu ihm führte ?

In der griechischen Mythologie ist Charon der Fährmann über den Fluß Styx, der die Grenze zwischen der Welt der Lebenden und der Unterwelt von Pluto bildet.

Nur mit ihm gelangt man in diese Region, Und man muß ihm etwas geben, einen Obulus. Wer ihn nicht bezahlt, bleibt an dieser Grenze hängen; er ist zwar tot, kann aber nicht in die Welt der Toten gelangen. Auch in anderen Kulturen brauchten die Gestorbenen Mittel, um ihre Reise zum Sitz der Seelen zu bestehen, deshalb erhielten sie verschiedene Grabbeigaben. Man muß also schon zu Beginn einer Reise in die eigene Schattenwelt, wie sie auch durch Pluto symbolisiert wird, etwas bezahlen, sonst kommt man gar nicht erst hinein.

In der christlichen Mythologie wird dieser Brauch abgeschafft. Der Mensch wird nicht mehr als ein aktiv handelndes Seelenwesen betrachtet. Die seit alters her gewußte und überlieferte Dreiteilung des Menschen in eine instinkthafte oder Triebebene, in eine menschlich-persönliche Ebene und in eine geistige Führungsebene wird damit auseinandergerissen und getrennt. Aus Plutos Reich der Vollständigkeit mit seinen unerwünschten Trieben, Instinkten und Ängsten, aber auch seinen unermesslichen Schätzen, wurde die Hölle. Der führende Geist zu höherer Entwicklung thront seitdem unerreichbar im Himmel. Wir aber müssen Himmel und Hölle zumindest kennen, um vollständig Mensch sein zu können.

Ich denke, daß Pluto ein Mittler dabei ist. Er ist für uns dunkel und weit entfernt. Er trägt den Namen und Symbolgehalt des Gottes der Unterwelt. Des Gottes des Verborgenen, Verbotenen und des Unbekannten. Seine Bahn führt ihn an Neptun vorbei nach innen, in unser bekanntes System hinein. Neptun als Symbol der All-Liebe können wir, obwohl er aus dem Wasser kommt, durchaus als Himmlische Sphäre begreifen.

Da ist es wieder, daß die geistigen Planeten sich nicht so leicht in unsere beliebten, gewohnten, eindeutigen Kategorien einordnen lassen. Also was in unserer Vorstellung ganz unten und was ganz oben ist, begegnet sich nicht nur, sondern tauscht zeitweise die Plätze als entferntestes erkennbares Prinzip. Nun ist Pluto unterwegs zu Regionen, die wir noch nicht vollständig durchdenken können, denn wir kennen ihn erst etwa ein Drittel seines

Sonnenjahres. Da ist wohl noch Einiges an neuen Erkenntnissen zu erwarten, sowohl astronomisch wie astrologisch.

2006 fand man die Monde Nix und Hydra. Im Jahr 2011 den Mond P4 und 2012 noch einen Mond, P5 benannt. Es sind zum Teil winzige Brocken, die alle in einem komplizierten Schachtelsystem in derselben Ebene um Pluto kreisen. Inzwischen haben alle einen Namen. P4 heißt Kerberos und P5 erhielt den Namen Styx. Die Astronomen zeigten sich überrascht, dass ein Zwergplanet wie Pluto ein solch komplexes System von Begleitern haben kann. Die Entdeckung liefere neue Details zur Entstehung und Entwicklung des Pluto - Systems, hieß es in astronomischen Kreisen. Welchen Einfluß das auf die anhaltende Diskussion um den Status von Pluto haben wird, ist schwer einzuschätzen.

Heute jedenfalls (2015), ist Pluto ein Zwergplanet, der erste dieser neu definierten Klasse. Bleibt abzuwarten, welche Auswirkungen die Auswertung der Daten und Bilder der Sonde „New Horizons“ noch bringt. Klar ist schon jetzt, daß diese Daten einige der bisherigen astronomischen Grundannahmen ändern werden.

Neu gibt es nun Aufnahmen aller Pluto-Monde.

Pluto und Monde auf einer Aufnahme des Hubbleteleskop

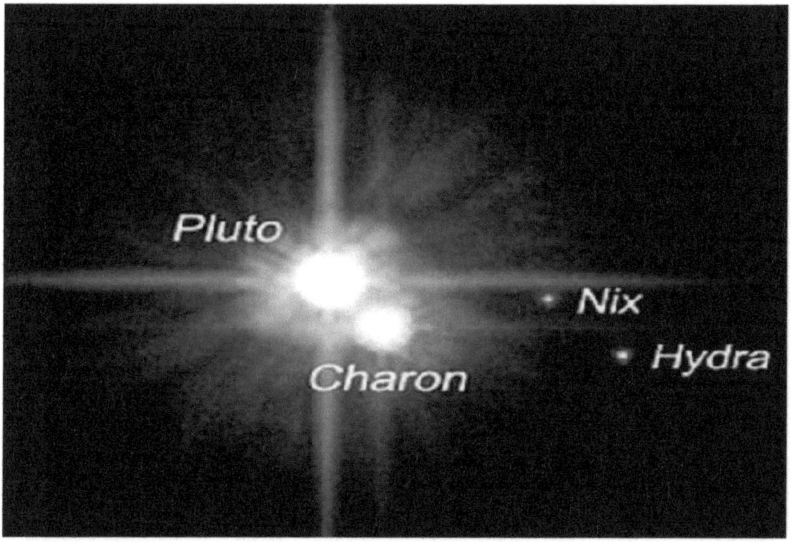

© NASA, ESA, H. Weaver(JHU/APL) und das HAST Pluto-Team

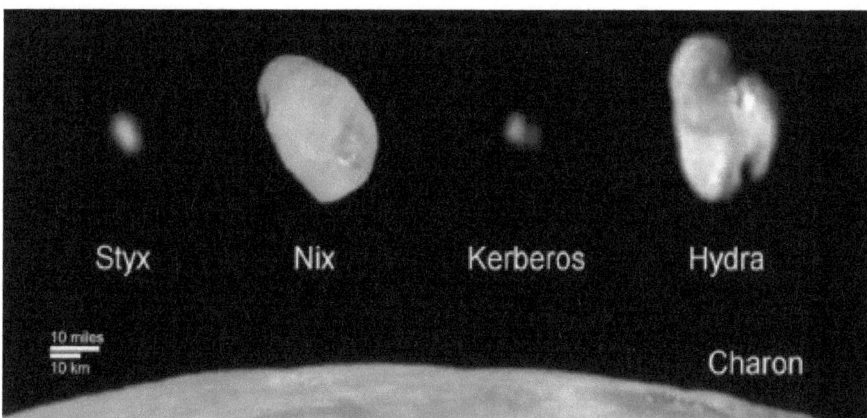

Ganz unten ist ein Teil des größten Pluto-Monds Charon zu sehen, darüber die kleineren Monde Styx, Nix, Kerberos und Hydra. Foto: NASA/JHUAPL/SwRI

Planetendefinition

Nach der Entdeckung des Planeten Eris im Juli 2005 kam bei den Wissenschaftlern die Frage auf: Was ist eigentlich ein Planet? Eris ist mit einem Durchmesser von annähernd 3000 km größer als Pluto. Von den Medien wurde er sehr schnell zum zehnten Planeten unseres Sonnensystems "gemacht"(damals noch unter dem vorläufigen Namen Xena, eine Fantasy-Heldin). Die Diskussion lautete: Wieso sollte Eris kein Planet sein, wenn doch Pluto einer ist? Ist es nicht wirklich beeindruckend, daß Eris die Göttin der Zwietracht ist? Möglicherweise ist dieser Name aber auch ganz bewußt gewählt worden im Hinblick auf die in Gang gesetzte Debatte. Im August 2006 sollte dann die Generalversammlung der IAU, der Internationalen Astronomischen Union, in Prag darüber entscheiden, ob Pluto ein Planet sei. Es gab hitzige Diskussionen, am Ende einigte man sich auf folgende Definition für einen Planeten:

- Ein Planet bewegt sich in einer Keplerschen Umlaufbahn um die Sonne.
- Er ist das dominierende Objekt seiner Umlaufbahn und hat diese weitgehend beräumt
- Er hat genügend Masse, um sich im hydrostatischen Gleichgewicht zu halten, das heißt, daß er eine nahezu kugelförmige Gestalt besitzt.

Nicht alle Wissenschaftler sind damit zufrieden. Die Heftigkeit der Debatten zeigte an, daß der Begriff "Planet" viel mehr eine kulturelle als denn eine wissenschaftliche Bezeichnung ist. Sie wird auch für Himmelskörper anderer Systeme verwendet, jedoch ohne genauere Kenntnis aller Parameter. Die jetzige Definition ist somit nur auf unser Sonnensystem anwendbar, das ist eine Einschränkung und entspricht nicht den gültigen wissenschaftlichen Standards. Die heutige Weltraumforschung entdeckt ständig neue weit entfernte Objekte, die irgendwie zugeordnet werden müssen.

Einsame Planeten

Da wären die sogenannten Einsamen oder Frei - Fliegenden Planeten interessant, die seit der Planetendefinition korrekt: Objekte planetarer Masse (OPM) heißen. Ihr Kennzeichen ist, daß sie zu massearm sind um ein Stern oder ein Brauner Zwerg zu sein. Nach gängigem Verständnis also ein Planet. Doch findet man keine zugehörigen Sonnen. Heute geht man davon aus, daß in unserer Galaxis beinahe doppelt so viele Frei-Fliegende Planeten wie Sterne existieren. 2013 wurde der bis jetzt erdnächste dieser Art entdeckt.

Einer davon gilt als so etwas wie die Super Erde, das ist ein Objekt aus fester Materie mit der mehrfachen Masse der

Erde. Ich spekuliere jetzt einmal ein bißchen über den astro-psychologischen Gehalt: Die Erde als Symbol für Mensch existiert hier ohne nahe determinierende Bezugskräfte. Der Mensch also, frei in seinem Bewußtsein, bewegt sich in sehr viel größeren Raumausdehnungen und Zeit-Dimensionen.

Die Vision eines möglichen evolutionären Zieles? Immerhin brachten alle bisherigen astronomischen Entdeckungen auch ein erweitertes Bild unserer menschlichen Entwicklung. Und in alten Schriften ist von der Fähigkeit des Menschen die Rede, den begrenzten Raum und die Zeit zu verlassen. Natürlich werden auch diese „Freien Planeten" den Gesetzen eines größeren Zusammenhangs unterworfen sein und damit auch diese hypothetische neue Freiheit. Bis jetzt kennen wir diese aber noch nicht. Unsere Vorstellung von uns selbst und den Beziehungen zu größeren Dimensionen wird wohl neue Impulse bekommen.

Ich selber bin überzeugt davon, daß der nächste Planet, den wir entdecken werden, nicht mehr direkt mit unserem Sonnensystem verbunden ist. Nicht nur wegen der Entfernungen, sondern weil mir scheint, daß wir mit neun Objekten um unser Zentrum komplett sind. Aber wer weiß…, es gibt ja noch verschiedene andere Zahlensysteme. Seit Jahren erforschen einige Astronomen Phänomene der Bahnmuster einiger sehr weit entfernter Objekte. Sie vermuten, daß es weit jenseits von Pluto mindestens einen Planeten von mehrfacher Erdgröße gibt. Doch nach astronomischen Vorgaben „kann“ es dort keinen Planeten geben. Die Vermutung ist nun, daß dieser sich aus fernen interstellaren Räumen in unserem Sonnensystem angesiedelt hat.

Das sind laufende Forschungen, diese Annahmen sind hypothetisch und bis jetzt nicht zwingend glaubhaft belegt. Spannend finde ich sie allemal, denn den Größenverhältnissen in unserem Sonnensystem folgend, müßte es meiner Meinung nach noch einen großen Planeten geben, der die Verbindung in den umgebenden Raum herstellt. Psychologisch wäre das die Verbindung zum universalen geistigen Raum, doch werden wir diesen Punkt nicht in unser Horoskop einbinden können. Das wird auch nicht erforderlich sein, denn der Zugang dazu ginge über einen vollständig integrierten Pluto. Sollte das wirklich der Fall sein, braucht es keine Horoskope mehr, um die Fähigkeiten und Aufgaben eines Menschen zu deklarieren. Doch auch das ist bis jetzt nur sehr hypothetisch.

In einigen uneindeutigen Überlieferungen und in sc-fi Geschichten gibt es einen 10. Planeten, der zerbrochen ist. Die Wissenschaft hat das nicht bestätigt, jedoch weiß sie zur Zeit auch noch nicht, wie der Kuipergürtel zustande kam, der ja tatsächlich eine Verbindung zwischen unseren bekannten Planeten und dem umgebenden Raum herstellt.

Und ausgerechnet der degradierte Pluto hat nun innerhalb dieses Gürtels eine führende Rolle zugeteilt bekommen.

Zwergplanet Pluto

Pluto jedenfalls fällt bei dieser Definition als Planet durch, weil sich in seiner Bahn noch viele andere Objekte befinden, die zusammen den Kuipergürtel bilden. Er definiert nun die Klasse der Zwergplaneten, deren Festlegung so lautet:

- er umkreist die Sonne.
- er ist kein Satellit oder Mond.
- er besitzt eine eigene Gravitation.
- er hat die Umgebung seiner Umlaufbahn nicht bereinigt.
- er besitzt eine feste Form.

Ob sich an diesem Status durch die Entdeckung der weiteren Monde oder neuer Einsichten noch etwas ändert, bleibt abzuwarten. Aber ganz egal, wie die heutige Wissenschaft sich dreht und windet: Mit Plutos Entdeckung bekam die Menschheit eine Beschreibungsmöglichkeit ihrer Ängste und Schatten. Hinter Pluto, und um ihn herum, liegen Tausende unbekannte Objekte, die den Kuipergürtel bilden. Pluto ist der Gott der Unterwelt, der Herrscher über die Schatten, über die ganze reiche unbewußte Welt, die in uns verborgen ist. Ich finde, das ist eine fabelhafte Analogie und die erfolgte Degradierung zum Zwerg erscheint wie eine persönliche Abwehrhaltung.

Doch als Chef seiner neuen Klasse ist er nun ganz offiziell anerkannt der Gott seiner noch unerforschten dunklen Begleiter.

Psychologische Zuordnung

Auf der HUBERschen Planetentafel [1)] steht Pluto in der linken Spalte oben über Mars und Sonne, und ist damit als Kraft des Willens definiert. Also Mars als Anzeiger des instinkthaften Willens, die Sonne zeigt den persönlichen Willen und mit Pluto definieren wir das dem Ego übergeordnete geistige Willensprinzip.

Durch diese Zuordnung steht Pluto auch in der Reihe der männlichen und kardinalen Planeten. Das hat mich eine Weile irritiert, denn wenn den Geistigen eine über das Ego hinausweisende Kraft zugeordnet wird, greifen diese menschlichen und sehr durch Kultur geprägten Attribute nicht. Doch ist das eigenständige Denken ja Jedem erlaubt. Dann aber fand ich im HUBER Buch „Astrologie und die Sieben Strahlen“ eine plausible Erklärung sowohl für die Zuordnung als auch zu deren Gebrauch. Und da ich annehme, daß dieses Thema durchaus auch von Interesse sein kann, zitiere ich auszugsweise:

“Uranus steht in der weiblichen Linie, Pluto in der männlichen. Das würde bedeuten, daß Uranus weiblich

und Pluto männlich ist. Das stimmt in gewisser Weise, andrerseits stimmt es auch nicht. Wir könnten die beiden austauschen und dafür auch gute Argumente finden. Dann müßten wir aber die Planeten neu definieren, denn diese Ordnung basiert auf der Motivation der Planeten, auf dem, was sie erreichen wollen.

Uranus möchte größere Sicherheit im Leben haben. Deshalb schafft er Systeme und Strukturen. Seine Motivation ist größere Sicherheit und entspricht der von Saturn und Venus, auf ihren eigenen Ebenen. (…) Pluto möchte individuelles Wachstum, hin zur Vollkommenheit. Deshalb braucht er ein Vorbild als Zielvorstellung, dem er nachstreben kann. Das ist die Ebene der Motivation. Auf der funktionalen Ebene ist es umgekehrt, da finden wir Aktivität. Pluto ist aber nicht aktiv, sondern passiv. Uranus ist sehr aktiv (…) Hyperaktivität gehört zu Uranus, und das wäre wiederum männlich. Der passiv motivierte Uranus, der nur größere Sicherheit haben möchte, wird beim Versuch, sie herzustellen, sehr aktiv. Pluto, der Wachstum erreichen möchte, also etwas Aktives, ist ganz ruhig. Für Pluto benutze ich gern den Begriff Kontemplation. Das ist nichts aktives, das ist nicht Tun, sondern Sein. (…)

Die Unterscheidung zwischen Motivation und Funktion ist also bei den spirituellen Planeten sehr wichtig. Bei Neptun können Sie diese Unterscheidung nicht machen, er ist weder aktiv noch passiv, (er) ist das „Ich“ und gleichzeitig das „Wir“. Deshalb sind Polaritäten hier sinnlos. Bei Uranus und Pluto ist das anders. Sie haben sozusagen zwei Gesichter. Wenn Sie die Stellung im Schema verändern wollen, können Sie das tun, aber Sie müssen wissen, ob es Ihnen auf die Funktion oder die Motivation ankommt.“ Zitat Ende

Damit kann man doch arbeiten, nicht wahr?

Bei jeder dieser Zuordnungen ist es aber gut, im Hinterkopf zu haben, daß alle diese Bezeichnungen weitgehend kulturell geprägt in unserem Verstand verankert sind und wir diese Begriffe bei der Beschreibung der geistigen Planeten so weit fassen müssen, wie wir können. Die Erklärungen Bruno Hubers zeigen immerhin, daß ihm das Dilemma klar war, in das uns unser Bedürfnis nach Ordnung und Anleitung führt.

Dieses Bedürfnis kreiert auch auf anderen Ebenen zumindest einige Unklarheiten. Und deshalb… eine kleine Abschweifung. Ich habe jahrelang gelernt, und so ist es in vielerlei Zusammenhängen zu lesen, daß die männliche Eigenschaft aktiv schöpferisch ist und weiblich sei passiv empfangend. Naja und erst einmal scheint es zu stimmen, oder? Doch scheinen mir diese Begriffe weitaus mehr kulturell als biologisch geprägt. Das neue Werden eines Menschen sei ein Beispiel dafür.

Die Frau empfängt ein Kind. Oder auch: bekommt ein Kind. Das hört sich wie ein passiver Vorgang an. Der Frau wird etwas gegeben und sie hätschelt es nur frauengemäß ein wenig, bis es selbständig ist. Gängiger Sprachgebrauch ist Gewohnheit und sagt sehr viel über ein herrschendes Kräfteverhältnis aus. Der biologische Vorgang astrologisch zugeordnet: Der Mann wird aktiv (Mars), damit er Samen produzieren kann. Aus diesen wählt (aktiv) der weibliche Körper (Venus) den einen aus, der ihr passend scheint. Es ist nachgewiesen, daß nicht immer die erste der ankommenden Spermien Gewinner ist. Dann entsteht im Körper der Frau etwas Neues (kardinal): das ist Schöpfung, eine aktive Handlung.

Aber das Ganze ist ein besonderes Thema und wir wenden uns lieber wieder Pluto zu.

In astrologischen Texten ist von Pluto als der höheren Oktave des Mars die Rede. Dagegen ist nichts einzuwenden, jedoch ist zu bedenken, daß zwischen Mars und Pluto noch eine Ebene liegt. Denn zwischen Instinkt gleich Mars und geistiger Dimension gleich Pluto steht der bewußt und willentlich handelnde Mensch, dargestellt durch seine Sonne. Je nach Lagerung der Planeten im Horoskop und der Aspektebeziehung untereinander kann sich das mehr oder weniger schwierig gestalten. Immer bleibt es eine große Herausforderung. Wir nehmen sie an, soweit wir können, oder nicht. Einem plutonisch gefärbten Ego können wir entweder gegenüber treten oder ihm aus dem Weg gehen.

Wir können unseren eigenen Pluto-Aspekt verdrängen, ignorieren oder lieben.

Jedoch bei aller von mir immer behaupteten Verantwortlichkeit des Einzelnen sich selbst gegenüber, sollte dennoch nicht vergessen werden, daß die Pluto zugeordneten Eigenschaften jeweils ganze Generationen prägen, und diese als Ganzes jeweils eine Lösung des angezeigten Themas finden muß. Mitunter findet sich da der Einzelne so verstrickt wie die Masche im Pullover und alles Verstehen ändert nichts am Drama des Erlebens. Dann hilft nur noch die Einsicht in die eigene Rolle dabei, um nicht ganz als hilfloses Opfer unterzugehen.

Im Einzelschicksal neigen wir schnell dazu, Schuld zuzuweisen oder auch, uns selber schuldig zu fühlen. Beides lähmt den Willen, und verhindert somit eine wahrhaftige Einsicht in das eigene Wesen. Diese Einsicht aber, meine ich, und der Wille, sich selbst zu kennen, ist der einzige Weg, mit den plutonischen Kräften einigermaßen gesund umzugehen. Mit der Sonne, dem quasi menschlichen Anteil von Pluto, als Werkzeug unseres Willens machen wir den Weg frei die unbekannten Regionen in uns zu erforschen.

Der Zugang zu den unbewußten oder verdrängten Ängsten, Kräften und Ressourcen; die Sicht auf das eigene vollständige innere Wesen, das ist es, was wir mit Pluto immer mal wieder erleben. Und keiner behauptet, daß das nur lustig sei.

Mythologie

Der Mythos von Pluto zeigt in etwa auf, womit wir es zu tun haben. In der Mythologie ist Pluto der Gott der Unterwelt. Mythologie meint hier vor allem die griechisch-römische, die uns ziemlich vertraut ist. Natürlich basieren auch diese Göttergeschichten auf verschiedenen älteren Überlieferungen. Wie die Geschichtsbücher uns sagen, waren die Römer eroberungssüchtig. Doch sie waren auch recht schlau und assimilierten die Kulturen und Errungenschaften der eroberten Völker lieber, als diese zu unterdrücken oder zu töten. So vermischten sich mit der Zeit auch die Geschichten über ihre jeweiligen Götter. Nachdem Chronos/Saturn gezwungen worden war, alle seine verschlungenen Kinder wieder auszuspucken, kämpften Zeus/Jupiter und seine Geschwister Poseidon/Neptun und Hades/Pluto gegen ihn und seine Titanen. Nach ihrem Sieg teilten sie die Welt unter sich auf: Zeus erhielt den Himmel, Poseidon das Meer und Hades die Unterwelt.

Im Griechischen ist Hades nur der Gott der schattengleichen Toten, sein Name wird selten direkt ausgesprochen. Der römische Gott der Unterwelt ist Pluto oder Plutus, der Reiche. Er übernimmt auch die Funktion von Hades. Auch er wird meist nur indirekt benannt, bildliche Darstellungen sind selten. Geopfert wurde ihm mit abgewendetem Gesicht. Damit zeigt er erstaunliche

Parallelen zum Christengott: man soll sich kein Bildnis machen, seinen Namen nicht unnütz aussprechen. Pluto herrscht nicht nur über die Toten und das Schattenreich, sondern ist auch Herr der unermeßlichen Bodenschätze. Er herrscht über alles, was im Verborgenen ist. Auch er selbst ist verborgen, mit einer Tarnkappe kann er sich den Menschen nähern, ohne von ihnen gesehen zu werden. Sein Reich ist riesengroß, die Grenze wird vom Fluß Styx gebildet. Der Eingang wird vom dreiköpfigen Hund Zerberos bewacht, der einen Jeden hinein läßt, aber Niemanden wieder hinaus. Dort herrschen besondere Gesetze. Kommst du hinein, mußt du alles ablegen, was du bei dir trägst. Übrig bleibt nur das schattenhafte Wesen deiner Selbst. Nur Einzelne kamen wieder zurück aus diesem Reich. Herkules war da oder Orpheus zum Beispiel, der so sehr um seine verstorbene Frau trauerte und so seelenhaft sang, daß selbst Pluto sich erweichen ließ, bzw. den Bitten seiner Frau nachgab und Eurydike wieder gehen ließ. So heißt es in einer sehr alten Überlieferung.

Im Text der gleichen Erzählung, etwa 500 Jahre später, drehte sich Orpheus um, weil er nicht sicher war, ob Eurydike ihm folgte. Doch deshalb mußte sie zurück gehen und in der Unterwelt bleiben. Diese Veränderung der Überlieferung macht deutlich, wie sehr durch kulturelle Rahmenbedingungen bestimmt wird, was einem Menschen möglich scheint und was nicht. Es bedeutet auch, daß sich das Vertrauen in die eigenen Kräfte geändert hat. „Blick nicht zurück“ ist eine häufige Forderung in unseren Märchen, wenn der Held eine gefährliche Situation überstanden hat, aber noch nicht in Sicherheit ist. „Schau dich nicht nach deinen Ängsten um“ fordert Pluto, vertraue dem dir Zugesicherten.

In einer sehr viel älteren Erzählung aus Sumer betritt die mächtige Herrscherin Innana die Unterwelt. An den sieben Toren muß sie nacheinander alle Insignien ihrer Macht ablegen, so daß sie nackt dasteht und getötet werden kann. Kopfüber wird sie hilflos an einen Haken gehängt. Später wird sie dann durch befreundete Götter, die sie vorher um Hilfe gebeten hatte, befreit und wieder zum Leben erweckt. Uns kann das sagen: suche dir Unterstützung und Hilfe, sichere deinen Rückweg, bevor du die unbekannten Tiefen deiner eigenen Unterwelt betrittst.

Kopfüber hängend ausgeliefert sein, das kennen wir auch aus der Germanischen Sage von Odin an der Welten Esche hängend. Gib deine dir so lieb gewordene gedachte Welt und Weltsicht her, damit du weise wirst und eine bessere bekommen kannst, so lautet die Botschaft.

Da Pluto von den Menschen mehr gefürchtet als verehrt wurde, gibt es nicht so viele Geschichten über ihn. Eine bekannte handelt davon, wie Persephone, die Tochter der Fruchtbarkeitsgöttin Demeter, seine Frau wurde. Ohne ihr Wissen hatte Pluto mit Zeus ausgehandelt, dass Persephone seine Gemahlin werden sollte. Zeus verführte sie auf einem besonders schönen Narzissenfeld dazu, eine dieser dem Hades (=Pluto) geweihten Blumen zu pflücken. Kaum hatte sie eine in der Hand, tat sich die Erde auf, und Pluto konnte Persephone rauben. Vor Kummer ließ ihre Mutter daraufhin alles auf Erden verdorren und Zeus musste fürchten, dass es bald keine Menschen mehr geben würde, die ihm Opfer bringen konnten. So verhandelte er mit seinem Bruder Pluto über Persephones Rückkehr zur Oberwelt. Dieser willigte ein, gab ihr jedoch einen Granatapfel mit, das Symbol für die Ehe. Unterwegs bekam sie unbändigen Hunger, biss hinein - und war somit an das Reich Plutos gebunden. Damit aber wieder etwas auf der Erde wachsen konnte, verbrachte sie schließlich immer zwei Drittel des Jahres über der Erde und ein Drittel bei ihrem Ehemann in der Unterwelt. Was wir als Symbol dafür nehmen können, daß zur Ganzheit die bewusste und die unbewusste Welt gehören.

Diese Geschichte erzählt uns aber auch, daß Unwissen nicht vor Schaden schützt. Nur weil Persephone eine Blume pflückte, gelang es Pluto, sie mit sich zu nehmen. Die Mutter hatte verboten, diese Blumen zu pflücken. In welcher Form ist nicht überliefert. Doch was scheren uns nicht verstandene Verbote, wenn wir etwas haben wollen. Im Leben fallen wir auch mitunter in das Reich des dunklen Gottes, weil wir bestimmte Regeln nicht kennen oder nicht einhalten wollen. Und diese Geschichte lehrt auch, daß

Pluto durchaus sehr listenreich (oder hinterhältig?) sein kann, wenn er sein Ziel erreichen möchte.

Pluto ist also der Verborgene, der Verborgenes hütet. Der Schattengleiche, der alle Schatten kennt. Da der Tod für alle gleich ist, ist Pluto ein Herrscher über alle. Die Unterwelt, die Welt des Geheimnisvollen, dessen, was nicht zu sehen ist, ist angstbesetzt. So wird schnell aus dem Schatten ein böser Dämon, aus dem Ort der dunklen Geheimnisse die Hölle, die es zu bekämpfen gilt.

Nehmen wir Plutos Reich in uns an als den verborgenen oder auch versteckten Teil, er ist angstbesetzt weil unbekannt. Das ist die Unterwelt in uns, ein dunkles und zu großen Teilen unbewußtes Terrain. Wollen wir dort hinein, müssen wir erstens einen Obolus entrichten, den Fährmann bezahlen. Verstehen wir Fährmann = der, der uns über setzt wörtlich, so benötigen wir eine Hilfe, um zu verstehen, was wir erfahren. Dann müssen wir alles, was unsere vertraute Vorstellung von ist, ablegen. Nackt wie Inanna, was nichts anderes heißt als bar jeder Norm des Verstandes, müssen wir abwarten, was wir bekommen. Dann erst werden wir die Schätze sehen, die wir schon immer hatten und verstehen, sie zu nutzen. Psychologisch heißt das: solange du der Mensch bist und bleiben willst, der hinunterging, in dieses Reich der Schatten und Schätze, gibt es keine gesicherte Rückkehr. Gib her, was du meinst haben zu müssen, laß dich nicht von deinen Begierden und Ängsten zum Haben wollen verführen und steige dann als bereicherter Mensch in deine Welt zurück.

Transit-Geschichten von Pluto erzählen meist eine ähnliche Geschichte. Auch in deutschen Märchen hütet ein Berggeist reiche Schätze und schenkt sie dem, der nicht gierig danach ist. Derjenige aber, der sich nur eigenen größeren Reichtum und mehr Macht über andere erstrebt, wird versteinert oder eingeschlossen. Im übertragenen Sinn auch eine brauchbare Analogie zu den Kräften, denen wir mit Pluto begegnen.

In den Beschreibungen über die geistigen Planeten heißt es, sie sind nicht willentlich zu steuern, ihre Qualitäten sollen/können nicht für Zwecke des Ego genutzt werden. Doch sie sind in uns als übergeordnete Instanzen ihres jeweiligen Bereiches präsent. Pluto als stärkste innere Kraft zur Entwicklung des Menschlichen fordert seine Beachtung in den Bereichen, die im Horoskop angezeigt sind. Das ist durchaus sehr persönlich gemeint. Werden seine Anstöße nicht in der geistigen Dimension wahrgenommen, fällt die zugehörige Energie auf die Stufe des unbewußt und instinkthaft handelnden Mars zurück. Das erleben wir dann meist als Katastrophe. Die Sonne, das denkende und verstehende Mittel zwischen Mars und Pluto, hilft uns dann zu erkennen, was zur weiteren Entwicklung erforderlich ist.

Im Alltag

Dabei kommen die Ereignisse mit Pluto, die uns buchstäblich den bekannten Boden unter den Füßen wegziehen, gar nicht so plötzlich, wie sich das manchmal anfühlt. Ein Lehrer hat das so beschrieben: Pluto klopft leise an. Er gibt Hinweise. Er zeigt erst recht sanft, was jetzt zu tun erforderlich ist. Das Grundthema, um das im Leben geht, ist ja im Horoskop sichtbar. Wird das ignoriert, klopft er stärker, dann noch mal und so langsam fühlt es sich dann an wie Donnerschläge. In der Eingangssequenz der 5. Symphonie von Beethoven ist das hörbar gemacht. Tatatata, das Schicksal klopft an. Und wenn du den Ruf beantwortest, wird dein Leben eine großartige Musik.

Pluto selbst ist in der Welt des Sichtbaren unsichtbar, im Mythos besucht er die Menschen verborgen unter dem Hadeshelm, seiner Tarnkappe. Wenn in unserem Erleben der Alltag grauer wird, oder wir die Freude suchen müssen, statt sie zu leben, könnte es sein, daß Pluto in der Nähe ist und schaut, ob seine Schätze, die er den Menschen gibt, auch gewürdigt werden. Wenn er dann mehr Talmi als Edelsteine sieht, klopft er uns auf die Schulter. Oh, wie wir dann erschrecken! Und wir mißdeuten den Hinweis. Wir müssen mehr arbeiten, mehr Einfluß haben, mehr Macht haben, mehr von dem haben, was uns besser erscheinen läßt als die anderen. Außerdem sind sowieso die Anderen schuld, an allem, was uns nicht gefällt, natürlich. So denken wir, wenn unser Ego die größte Instanz ist in unserem Leben. Bleibt Plutos Hand auf unserer Schulter, wird es immer schwerer. Die einzige Chance aus der Dunkelheit wieder aufzusteigen, ist, zum eigenen Ich vorzudringen, die alten Kleider der Vorstellung und den angesammelten Schrott loszuwerden und dem ursprünglichen Ideal von sich selbst nachzustreben. Oder man bleibt in Schuld und Schuldzuweisung hocken bis die Materie zwangsweise zerfällt und wir es noch mal versuchen können. Das sind natürlich extreme Überzeichnungen und ich betone noch einmal, daß wir nicht immer alles in der Hand haben, was wir gern haben möchten. Und da wir Wesen einer Gemeinschaft sind, sind wir auch mit deren Taten und Entscheidungen verbandelt.

Aber auch das ist ja gerade ein Pluto zugehöriges Thema: Macht und Ohnmacht. Wo und wann erlebe ich die eine oder die andere Seite davon und warum. Das sind Fragen, die man sich stellen kann.

Plutos Macht ist eine nicht menschliche Leidenschaft zur Vollkommenheit. Wenn die persönlichen, oft unbewußten, Ziele eines Menschen in etwa mit den großen übergeordneten Zielen der ganzen Menschheit übereinstimmen, kann vielleicht, möglicherweise, diese Kraft genutzt werden, um persönlich auch Großes gelingen zu lassen. Kann möglicherweise, muß nicht. Auch ein noch so guter starker oder sonst wie wunderbarer Mensch braucht den richtigen Zeitpunkt, um an Skylla und Charybdis vorbei zu kommen.

Astrologische Zuordnung

Plutos Perihel liegt im Sternbild Skorpion und diesem Tierkreiszeichen ordnen wir ihn auch zu. Damit ist er Mitherrscher des 8. Hauses. Seine Grund-Lagerung im Horoskop ist also die Achse 2/8, die Besitzachse. Damit ist schon seine Hauptthematik angesprochen. Im 8. Haus geht es um feste Regeln und Gesetze, die Vorschriften der Gesellschaft, die Normen der Generation. Wir sind eingebunden in ein System. Im 2. Haus geht es um meinen eigenen Wert, was habe ich, was kann ich, wie definiere ich mich selber. Ich in der Gesellschaft, die Gesellschaft in mir. Im 2. Haus sehe ich mich selbst, im 8. gespiegelt durch die Anderen. Auf dieser Bahn rauschen wir ständig hin und her. Beißen wir uns an einem Pol fest, sorgt die fluktuierende Energie für einen Abbruch und damit zu Verlust und Ausgleich. Die angesagten Krisen des 8. Hauses kommen nicht aus diesem Haus selbst, sondern aus der Dynamik der Achse. Es ist die fixe Achse, es geht eigentlich still zu. Auf der einen Seite die ruhende volle Kraft der Erde, voll von Samen und Möglichkeiten und auf der anderen Seite die tiefe unterirdische Kraft des Wassers, die bereit ist, diesem Werden Wollenden eine sichere

Umgebung der Entfaltung zu geben. Das ist ein schönes Bild, doch in unserer Welt der angesammelten Egos ist es nicht ganz so einfach und eindeutig. Es ist das angestrebte Ideal. Im Wort anstreben wird schon klar, daß wir dabei ständig auf dem Weg sind. Und das ist das, was wir dann unsere Entwicklung nennen. Wenn diese dann aber nicht mehr mit unserem inneren Ich übereinstimmt, kommt Pluto und spült mit seinem Wasser (er hat immerhin 8 Flüsse in seinem Reich) unsere angesammelten Schätze davon und hängt uns an den Haken. Erst wenn wir begriffen haben, worum es geht, beschenkt er uns mit neuem Leben. Vielleicht ist es so wie in der Geschichte von Persephone: Wir leben zwei Drittel in der sichtbaren Welt und ein Drittel in der unsichtbaren. Oder zwei Drittel Ich und ein Drittel Wir. Skorpion, das Zeichen des fixen Wassers, bringt alles zum Leben, was es berührt. Und was bloße Verzierung ist, wird weggespült oder verfault in der Tiefe.

Pluto, der Herrscher, übersteigert auch jedes andere Zeichen. Es wird sozusagen von unten mit einem grellen Licht beleuchtet und damit seine Wahrnehmung verschärft.

Pluto Generationen

Als Generationsplanet beleuchtet Pluto, welche Werte der persönlichen Freiheit als erstrebenswerte Norm definiert werden. Er intensiviert nicht nur jedes Zeichen, sondern als Planet der Massen macht er es auch zur Massenerscheinung.

Pluto wurde 1930 entdeckt. Da seine Entdeckung in den Krebs fiel, muß das in besonderem Maße für die enge, auch ungewollte, Zugehörigkeit zu einer Gruppe von Bedeutung sein. Es sind die Wurzeln einer Familie oder größeren Gruppe, die Ahnen, die die Erinnerung an das Herkommen bewahren. Welche aber auch um Angst und ungelöste Schuld wissen und dies dem Unbewußten vermitteln. Die Kopplung von Mond als Herrscher des Krebses und Pluto leitet uns in unsere eigene Tiefe und weist uns hin auf die vielleicht noch unerlöste Verbindung zu unseren Vorfahren.

Die Pluto - Entdeckung im Zeichen des Mondes sagt uns auch, daß es um Emotionen und Bindungen geht. Pluto als Planet einer „Masse“ setzt auch die Lösung von dieser in Gang und die durch ihn angezeigte und angestrebte verantwortliche Individualisierung verändert langfristig das Bild der Erscheinung „Masse“

Krebs

Zur Zeit seiner Entdeckung befand sich Pluto im Tierkreiszeichen Krebs. Das Zeichen Krebs entspricht der Wurzel, dem Heim (4.Haus), sein Herrscher ist der Mond. Entsprechend werden seine Eigenschaften mit Emotionalität und Empfindsamkeit beschrieben, mit der Suche nach mit der Suche nach Zugehörigkeit und Liebe. Als kardinales Zeichen will es seine Ziele erreichen, wenn nötig, mit Gewalt. Dann wird die Familie zur Festung und jede Beziehung zur Einzelhaft mit persönlicher Betreuung. Pluto wanderte 1913 bis 38 durch den Krebs. Familie war das Ideal, das Bestreben nach Zugehörigkeit wurde zum uniformen Massenzwang. In Deutschland gipfelte das in dem Wahnsinn eines bereinigten Volkskörpers, aus dem alle fremden Elemente entfernt werden sollten. Die Massen sind emotional empfänglich für die Angstvorstellungen einer Bedrohung.

Und als Pluto 1938 in den Löwen wechselt und damit einen elitären Herrschaftsanspruch anzeigt, sind sie bereit für einen Krieg.

Pluto wanderte 1938 bis 57 durch das Zeichen Löwe. Das entspricht dem 5. Haus persönlicher Entfaltung und Beziehung im Auftrag der besten Entwicklung der eigenen Person und Population. Sein Herrscher ist die Sonne. Es geht die Durchsetzung des Willens, um Elite, Führung und Machtanspruch. Es gab Krieg um die Weltherrschaft, der lange von allen Seiten von den Massen getragen wurde. An dessen Ende waren die Häuser und Familien des Krebses zerstört und die Welt in neue Machtverhältnisse eingeteilt.

Die bis dahin unmöglich scheinende Spaltung eines Atoms wurde erreicht und das entstehende Element Plutonium genannt. Der Verwendungszweck war, wie so oft bei neuen Errungenschaften, auch geistigen, eine Waffe. Bei der Namensgebung heißt es:

„...angesichts der infernalischen Wirkung der Pu-Bombe erscheint die Ableitung des Namens von Pluto, dem Gott der Unterwelt gerechtfertigt.“

Die drei schwersten damals bekannten Elemente Uran, Neptunium und Plutonium sind nach den Planeten, Uranus, Neptun und Pluto benannt, weil auch sie sozusagen neu waren, und hinter den Grenzen des bisher Bekannten.

Dic Bombe wurde eingesetzt und tötet bis heute Menschen. Das ist die Wirkung von Pluto als geistig unbegrenzter Macht in der Hand eines begrenzten übersteigerten Egos.

Jungfrau

Pluto wanderte von 1958 bis 72 durch das Zeichen Jungfrau. Das entspricht dem 6. Haus, dem Haus der Existenz, der Arbeit mit und für die Anderen. Sein Herrscher ist Merkur. Es geht um die Kommunikation zum Zwecke der Effizienz. Stichworte dieser Zeit sind Wirtschaftswunder und Einführung massenhafter Geburtenkontrolle. (Pille) Die ersten Computer wurden entwickelt, und im Alltag eingesetzt. Der Mensch degradierte sich als Teil einer Maschine und wurde zum ökonomisch zu berechnenden Wert.

Gleichzeitig wurde Gesundheit ein dem freien Markt überlassener profitabler Verkaufsartikel.

Waage

Pluto wanderte von 1972 bis 84 durch das Zeichen Waage. Das entspricht dem 7. Haus, dem Haus der harmoniebetonten Begegnung. Sein Herrscher ist Venus. Es geht um Sicherheit durch Ausgleich, Ausgewogenheit und Beziehung. In dieser Zeit etablierte sich die Frauenbewegung. Ihre Themen waren sexuelle Freiheit und Gleichberechtigung der Geschlechter. Pluto machte aus einer kleinen Bewegung ein gesellschaftliches Phänomen. Die Beziehungsmuster wandelten sich und ließen Raum für neue Formen zu. Im Sinne eines kardinalen Zeichens wurden Impulse gesetzt, deren Umsetzung bis heute andauert. Zum Beispiel in der Debatte um die rechtliche Stellung von homosexuellen Beziehungen. Und ganz plutonisch wurden und werden auf beiden Seiten der Diskussion höllische Ängste, himmlische Freuden und menschliches Sicherheitsdenken zur jeweiligen Begründung benutzt.

In der Politik gibt es den Versuch einer Verständigung der verschiedenen Systeme.

Skorpion

Pluto wanderte von 1984 bis 96 durch das Zeichen Skorpion. Das entspricht dem 8. Haus. Sein Herrscher ist Pluto selbst. Es ist das Haus der Gesellschaft schlechthin. Hier gibt es die Gesetze und Regeln, nach denen gelebt werden soll. Und die Ressourcen, die dazu zur Verfügung stehen. Als fixes Zeichen will es nicht nur einen dauerhaften Zustand sondern erstrebt die Perfektion.

Das ist sein eigenes Zeichen, hier herrscht sein Gesetz der Absolutheit. Alle Extreme finden sich hier, denn alles soll bis zum letzten vollendet werden. Es spricht für die Widersprüchlichkeit von Pluto und Skorpion, daß sie durch Beharren einen Wandel erzeugen. Anders als Saturn, der mit seiner Härte nur die Grenzen sichert, geht Pluto über die bekannte Grenze hinaus – bis nichts mehr geht, alles zusammenbricht und etwas Neues beginnen kann. Mit der großen Katastrophe des Atomkraftwerks im ukrainischen Tschernobyl kommen die Tatsache und die Gefahren der Atomspaltung und ihrer Anwendung ins Massenbewußtsein. Durch Aids werden die freien Sexualpraktiken aus den Zeiten des Löwen und der Waage infrage gestellt. Von den Massen nicht mehr getragene Strukturen brechen zusammen und werden, ganz nach Art des Skorpion, übertreibungsgemäß ohne Wertbetrachtung vernichtet. Ein gutes Beispiel dafür ist die erfolgte Auflösung der DDR.

Die Manipulation durch gesteuerte Information nimmt zu. Das Individuum wird in erschreckendem Ausmaß Teil einer Masse.

Es wird realisiert, daß Bodenschätze und Wasser nicht unendlich zur Verfügung stehen.

Schütze

Pluto wanderte von 1995 bis 2008 durch das Zeichen Schütze. Das entspricht dem 9. Haus, dem Haus der eigenen Glaubenssysteme und Wertvorstellungen. Sein Herrscher ist Jupiter. Es geht um die eigene Sichtweise, um Expansion, um das Hinauswachsen aus den gelernten Denknormen. Mit Pluto als übersteigertem Antrieb gerät die Thematik der Achse 3/9 in extremen Konflikt. Es sind dies die gelernten und tradierten Vorstellungen des 3. Hauses und die Entwicklung von eigenen neuen Vorstellungen des 9. Hauses. Verschiedene Glaubenssysteme werden vehement gegeneinander gestellt. Der Terrorismus als Mittel zu ihrer allgemeinen Durchsetzung wird international, seine Auswirkungen sind für jeden in der Gesellschaft spürbar. In der Wirtschaft bricht das aufgeblasene Wachstum zusammen.

Neue Wertmaßstäbe werden nicht definiert, da alle zu beschäftigt sind, die alten zu verteidigen.

Steinbock

Seit 2008 wandert Pluto bis 2024 durch das Zeichen Steinbock. Also gegenwärtig. Das entspricht dem 10. Haus, dem Haus von Berufung, Ehrgeiz und öffentlichem Wirken. Sein

Herrscher ist Saturn, der Herr des Bewahrens und der Grenzen. Es geht um verantwortlichen Umgang mit Machtpositionen und um autonome Integrität. Pluto zeigt Geheimnisse auf, enthüllt falsche Autoritäten, wird aber selbst nicht aktiv. Saturn hält erst einmal am Alten fest. So haben wir zurzeit die kuriose Situation, daß sehr viel Angemaßtes, Gelogenes und offensichtlich Falsches bekannt ist, zum Beispiel die falsch geborgte Doktorarbeit eines deutschen Bundesministers, die kriminellen Handlungen eines französischen Staatschefs, die These des unbegrenzten Wachstums in allen Bereichen (woanders wird das als Krebs bezeichnet und weggeschnitten) es hat aber kaum Auswirkungen auf konkretes Handeln. Andrerseits ist der Rücktritt eines Papstes ein das überlieferte Weltbild erschütterndes Ereignis, das durchaus eine plutonische Erscheinung genannt werden kann. Die vielen Krisen, Terroraktionen und Kriege zeigen aber sehr deutlich, daß die bestehende Welt und ihre Ordnung sich im Umbruch befindet. Die alten Strukturen und Gesetze, die Saturn symbolisiert, müssen gewandelt werden, damit sie dem harten Anspruch des 10. Hauses genügen: eine Machtposition beruhe nur auf souveräner wissender Kompetenz.

Da wir davon ausgehen, daß die geistigen Planeten erst mit ihrer Entdeckung auch ihren Niederschlag im Massenbewußtsein finden, werde ich zu den anderen Zeichen nichts sagen. Sicher sind Beschreibungen möglich und es finden sich durchaus Aussagen dazu bei verschiedenen Autoren.

Verweildauer in den Zeichen

In der persönlichen Deutung des Planeten Pluto wiederum können wir sie natürlich auch für die vor 1930 Geborenen berücksichtigen. Bei der Beschreibung von Pluto als Planet der Generationen müssen wir etwas beachten und unterscheiden: Zum einen die Zeitqualität, die für alle im selben Zeitraum lebenden Menschen gilt, und die jeweilige Generation, die in diesem Zeichen geboren wurde. Je nachdem, wie lange Pluto in einem Zeichen verweilt, hat das unterschiedliche Auswirkungen.

Die Generationen vor der Entdeckung Plutos von 1821 Widder bis 1913 Zwillinge hätten Zeit gehabt, die Pluto eigenen Energien noch im selben Zeitgeist umzusetzen, zumindest damit zu beginnen. Die Durchlaufzeit betrug 30 bis 32 Jahre. Pluto befand sich aber noch im dunklen, unbekannten Bereich.

Auch für den Krebs beträgt die Laufzeit noch 25 Jahre, doch beginnt diese schon 1913 und Pluto wurde erst im Jahr 1930 entdeckt. Nehme ich also 1930 als Beginn des konkreten Auftauchens dieser kraftvollen, ein wenig burschikos gesagt, Umkrempelfunktion, dann wurden die ersten

Auswirkungen nach ca. 15 bis 20 Jahren deutlich spürbar. Die ihr Heim und ihre Zugehörigkeit so vehement betonten, hatten nun kein Heim und auch keine Zugehörigkeit mehr. Denn wer wollte schon Verbrechern angehören? Oder sie definierten sich als Opfer, dem „die Anderen" das genommen hatten. Die Elite beharrte einfach auf dem Recht ihrer Sippe. Doch diese Generation hatte ja noch etwas länger etwas zu sagen und sie baute dann mit der Hartnäckigkeit des Krebses ihre Häuser wieder auf. Berühmt sind dafür die sogenannten Trümmerfrauen.

Die im Löwen Geborenen tragen ihre Definition von Individualität in die Jungfrauzeit, die der Jungfrau entfalten sich in der Waage und so weiter. Zu jeder Zeit haben wir also eine aktuelle Zeitqualität von Pluto, und eine andere Vorstellung der folgenden Generation über das gleiche Thema sowie eine nächste Generation mit noch einer anderen Vorstellung. Und da Pluto Extreme anzeigt, verdeutlicht das die Schwierigkeit der Verständigung. Pluto Waage Geborene zum Beispiel, die die individuelle Ausgewogenheit suchen, haben schwerlich Verständnis für eine Pluto Skorpion Generation, die sich in gewaltsamen Exzessen ausdrückt. Oder wenn sie statt Schönheit und Gestaltung des Körpers nur schwarze Einheitskleidung vorfinden.

Wir haben also ständig eine bunte Mischung von Vorstellungen, was denn nun ein Individuum ist und wie es zu sein hat. Plutos Vorstellungen werden leicht extrem und fanatisch. Die Übersteigerung hilft, das wahre Wesen zu erkennen, aber dazu muß man bereit sein, wirklich hinzuschauen.

Pluto-Durchlauf in den Zeichen

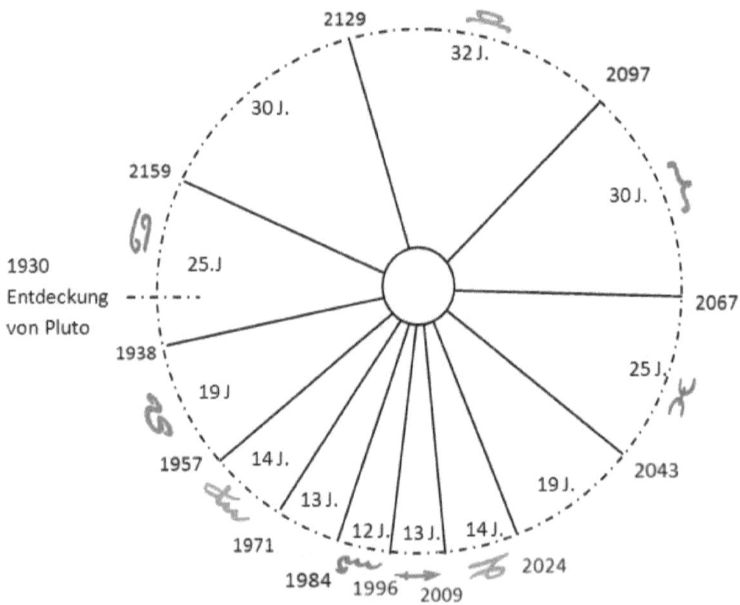

Abb. Seminar „Transite“ Brigitte Wicha 2014/15

In obiger Abbildung ist sehr schön die unterschiedliche Verweildauer von Pluto in einem Zeichen zu erkennen.

Damit ist diese angesprochene Überlagerung der verschiedenen Themen gut erfaßbar. In neben stehender Tabelle sind die Themenbereiche zugeordnet.

Pluto in Jahr, Zeichen und Haus

Jahre	Zeichen	Herrscher-planet	Dauer	Haus	Thema
1930-1938	Krebs	Mond	Noch 8 J.	4	Familie Tradition
1938-1957	Löwe	Sonne	19 J.	5	Beziehung Ego, Spiel
1957-1971	Jungfrau	Merkur	14 J.	6	Gesundheit Arbeit
1971-1984	Waage	Venus	13 J.	7	Bindungen Beziehungen
1982-1996	Skorpion	Mars + Pluto	12 J.	8	Pflicht Gesetz
1996-2009	Schütze	Jupiter	13 J.	9	Philosophie Erweiterung
2009-2023	Steinbock	Saturn	14 J.	10	Berufung Status
2149-2174 Krebs 30 J. ....damit vollendet sich der erste bekannte Sonnenumlauf					

Abb. M. Kerber Lehrunterlagen „Geistige Planeten"

Eigentlich wären jetzt die Pluto Schütze Geborenen dran, das Sagen in der Welt zu übernehmen. Das würde bedeuten, die individuelle Wahl der Weltanschauung, die freudige Entdeckung und Erforschung alles Fernen und Verborgenen und die Akzeptanz jedweder eigenen Kultur einer anderen Gruppe in Gesetzen und Umgangsformen zu etablieren und zu achten. Aber unsere gegenwärtige Welt wird immer noch überwiegend von alten Männern regiert, oder auch von jüngeren Männern und Frauen, die deren Ideal noch entsprechen. Das sind die Pluto Waage Geborenen, die sich in einer konfliktreichen Zeit wie dieser nicht zu entscheiden vermögen und sich vor eindeutiger Verantwortlichkeit drücken. Oder es sind schon oder noch die Pluto Skorpion Geborenen die, von Macht korrumpiert, sich nur Gewalt als Mittel der Durchsetzung vorstellen können. Vielleicht sind die Pluto-Schütze Geborenen zu sehr mit ihrem individuellen Fernweh beschäftigt, ob nun konkret oder psychologisch. Oder sie verausgaben sich in kleinen Grüppchen um ihrer individuellen Freiheit zu huldigen.

Im Kampf um die Herrschaft werden gerade aktuell die unterschiedlichen Wertevorstellungen, auch der Wert eines

Menschen, benutzt und treffen mit psychischer und physischer brutaler Gewalt aufeinander.

Weltbild

Ein vollständig integriertes Menschen- und Weltbild habe ich bisher nur bei den Sufis gefunden. Ihre holistische Sicht des Menschen und des Kosmos erlaubt ihnen, jedwedes Lebewesen in seiner Daseinsform anzunehmen und ihm zu gestatten, seine eigene Definition von Glück und Wachstum zu finden.

Der Sufismus hat islamische Wurzeln, seine Anhänger mußten sich aber über Jahrhunderte auch in ihren heimatlichen Gegenden bedeckt halten und wurden immer wieder extrem verfolgt. Weil sie eben keine Machtdoktrin postulieren und außerdem die menschliche Freude auch an Kunst und Bewegung als göttliches Geschenk ansehen. Ihre Religion ist Mystik. 1917 bekam ein Ausgebildeter den geistigen Auftrag, diese Sicht der Welt nicht mehr geheim zu halten und sie in den westlichen Ländern bekannt zu machen.

Als 1930 Pluto entdeckt wurde, gab es also schon eine Gruppierung, die mit den Tiefen des Unbewußten umgehen konnte und dies auch öffentlich machte. Doch die menschliche Entwicklung verläuft nun mal nicht gradlinig, weder individuell noch als Gesellschaft. Und so behindert die seit einiger Zeit herrschende Islam-Diskussion eine Verbreitung dieser Weltsicht, den Menschen als verantwortlich in seinem Alltag handelndes Wesen zu begreifen. Damit würde ihm auch erlernbarer Zugang zu seinen unbewußten Ressourcen ermöglicht. Was eine andere Umschreibung des Umgangs mit den geistigen Planeten ist. Allerdings ist ein solcher Mensch nicht mehr so leicht manipulierbar, in wessen Sinn auch immer. Eine beginnende Diskussion darüber ist jetzt massenhaft einer durchaus plutonischen Verteufelung gewichen. „Islamist" ist der neue Terrorist per se. Wer sollte sich da noch mit dem Wertegehalt von Islam oder Sufismus auseinandersetzen. Das holistische Weltbild oder das Ideal eines Menschen, der mit Allem verbunden ist, wie es durch Pluto symbolisiert wird, braucht wohl noch ein wenig mehr Zeit, um im Bewußtsein der Menschheit wirklich Fuß zu fassen. Aber Pluto hat ja auch erst die Hälfte seines Weges um die Sonne, die auch für unser Denken und uns selbst steht, in uns bekannter Zeit zurückgelegt.

Ich habe über Pluto im Steinbock gelesen: er bricht verkrustete Strukturen auf und wandelt diese grundsätzlich. Im Zeichen Wassermann werden wir dann alle das Ideal der selbst gewählten Freiheit leben. Nur dumm, daß sich unsere Wünsche meist in völlig anderer Form erfüllen, als wir es uns vorstellen können. Die Stationen, die Pluto bisher in seinem Lauf durch die Tierkreiszeichen beleuchtet hat, erzählen die besondere Geschichte eines idealen Zieles und seine jeweilige menschliche Umsetzung. Plutos Energie wird dem 1. Strahl der „7 Strahlen“ *) zugeordnet: Wille und Macht. Darin ist wenig Raum für die begrenzte menschliche Vorstellung eines beschaulichen Lebens. Wenn mich also mal wieder diese Energie am Wickel hat, sei es mir doch erlaubt, mich für einen Augenblick wie eine Ameise in einem Hügel zu fühlen, der gerade von einem menschlichen Fuß auseinander getreten wurde. Nur für einen Moment. Bis ich mich wieder aufrappeln kann und verstehen kann, was ich wirklich zum Leben brauche.

*) 7 Strahlen ist ein Begriff aus der Esoterischen Psychologie nach A.Bailey.

Zitat aus „Astrologie und die 7 Strahlen“ von B. und L. Huber:

„Die Sieben kosmischen Strahlen sind sieben Arten oder Erscheinungsformen von Licht, bezogen auf die spezielle Substanz einer (kosmischen) Ebene.“

Pluto im Horoskop

Pluto wurde 1930 entdeckt als er sich im Zeichen Krebs in relativer Nähe zur Sonne befand. Astrologisch lassen sich daraus folgende Schlußfolgerungen ziehen: Das Zeichen Krebs regiert am Imum Coeli, dem Beginn des 4. Hauses. Der IC, auch die Himmelstiefe genannt, wird beschrieben als der Wurzelpunkt, der Kulminationspunkt des Unbewußten. Dort liegen die kollektiv prägenden Bildekräfte des Menschen. Damit wird seine Herkunft, seine Heimat, seine kollektive Norm beschrieben. Durch seine Entdeckung rücken die mit Pluto assoziierten Bereiche in den geistigen Fokus des Menschen. Pluto als Herr der Unterwelt, der Schätze und der Seelen und Leitbild des vollständigen Menschen - denn vollständig ist der, der aus der Mitte heraus das unterste und das oberste im Einklang halten kann. Die Frage der Herkunft, der Zugehörigkeit zu einer bestimmten Gruppe bekam überdimensionales Gewicht. Damit meine ich nicht nur die unsägliche und tödliche Einteilung der Nazi-Ideologie. Es findet sich auch im alltäglichen Sprachgebrauch, wenn wir sagen: ich bin, du bist Aaa-ist, Bebe-ist, Cece-ist oder irgend ein anderer ...ist. Der neueste Zuordnungsstempel ist „Flüchtling" oder Asylant, das ist nur eine andere Form von – ist. (Anmerkung: ich kann mich hier nur auf den westlichen Teil der Welt beziehen)

Seine Nähe zur Sonne interpretiere ich als die Möglichkeit, die angezeigten Themen nicht nur passiv zu erfassen sondern aktiv an ihrem Verständnis zu arbeiten. In den 1930igern und folgenden Jahren etablierte sich mit Freud, Jung, Adler, und Assagioli eine neue Art von Psychologie, die sich mit den verschiedenen Bereichen des Bewußtseins beschäftigte. Begriffe wie Unbewußtes, kollektive Norm, Archetyp wurden definiert und Teil der Normalsprache. Damit ergibt sich für die vom Seelischen abgespaltene moderne Wissenschaft die Möglichkeit der Wieder-Annäherung an ein Verständnis des Menschen und der Welt als Ganzheit. Nun, nicht immer findet die Möglichkeit auch gleich eine adäquate Entsprechung in der Wirklichkeit. Psychologie wird alswirksames Manipulationsmittel (das ist auch eine Pluto-Zuordnung) in allen Bereichen des Lebens und Sterbens massenhaft eingesetzt. Sie fungiert sowohl als Waffe für und gegen alles Mögliche sowie auch als Reparatur-Set für den arbeitstechnischen Gebrauch des Menschen.

Mir scheint, als blieben die Themen, die durch Pluto aufgerufen sind, im Bewußtsein bestehen und erweitern sich nur jeweils um das nächste Zeichen-Thema. Und alle diese Themen werden gegenwärtig weltweit ausagiert.

Interessant auch in diesem Zusammenhang finde ich die Herabstufung von Pluto zum Zwergplaneten, die im Jahr 2006, im Zeichen Schütze erfolgte.

Ich interpretiere: die Herren Wissenschaftler beschließen mehrheitlich, ihrer eigenen Philosophie der Ignoranz zu folgen und die geistige Dimension, die in das Unbekannte führt, abzuwerten. Doch war dieser Akt immerhin nicht einvernehmlich. Obwohl ich das für eine verpatzte Chance halte, geschieht doch gleichzeitig etwas Gegenläufiges. Die im Jahre 2006, noch vor dieser Konferenz, gestartete NASA Sonde „New Horizons" hat die Nähe des Pluto erreicht und sendet (Aug. 2015) riesige Mengen an Daten und Bildern. Die Aufnahme Pluto mit seinem Mond Charon ist dank Internet weltweit bekannt. Pluto hat Farbe und sein Begleiter Charon ist grau. Die Bilder zeigen „Dünen" und „Ebenen" und nichts davon ist für die Wissenschaftler bis jetzt einfach und eindeutig zu erklären. Es gibt auch Berge so hoch wie die Rocky Mountins, das angenommene Methaneis kann so hohe Gebilde nicht formen. Nun wird darunter stabiles Wassereis vermutet. Dann fand man wahrscheinlich Kryo-Vulkane. Das sind Vulkane, die gefrierendes Material ausschleudern., das dann wie Magma, nur eben eiskalt statt glühend heiß, die Hänge herab fließt. Das wäre jedenfalls die am "wenigsten verrückte" Erklärung für zwei charakteristische Oberflächenstrukturen, meint der NASA-Forscher Oliver White. Allerdings ist noch nicht klar, was diesen Mechanismus in Gang setzt oder hält. Es gibt geologische Aktivitäten und richtiges Wetter auf dem Pluto. Insgesamt sei er viel erdähnlicher als jemals vernutet werden konnte, meinen die NASA-Forscher.

In einem Interview nennt der derzeit leitende Chef - Wissenschaftler der New – Horizons - Mission Alan Stern die Herabstufung von Pluto zum Zwergplaneten „reichlich peinlich“ und erwartet große Erkenntnisse bei der Erkundung „dieses Planeten einer neuen Art“. Auf jeden Fall scheinen sich Alle darin einig, daß Pluto eine bis dahin unbekannte Dimension erschließt.

Und so wird er astrologisch auch gewertet.Ignoranz hat noch nie etwas aus der Welt geschafft. Und wenn unsere Ignoranz uns heute sagt: ach der Pluto, der gehört doch gar nicht zu uns, das ist doch nur so ein kleines Steinchen am Rande (unseres Horizontes) so ist doch das, wofür er steht, längst in unserem Alltag spürbar. Ein Steinchen an der richtigen Stelle – im Schuh zum Beispiel - bringt uns schon recht schnell zum Nachdenken und Handeln. Für eine chemische Reaktionsänderung braucht es nur ein Körnchen eines anderen Stoffes. Und Pluto ist ein „anderer Stoff“, aus astronomischer Sicht ebenso wie aus astrologischer Sicht. Erwarten wir also eine astro-psychologische Reaktionsänderung.

Pluto im Steinbock

Seit 2009 befindet sich Pluto im Zeichen Steinbock, dem Zeichen des MC, der Himmelshöhe. Das ist der Punkt des Einzelnen. Damit werden die plutonischen Themen nun auch zu einer Angelegenheit des Individuums. Die bisher von Pluto durchlaufenen Zeichen repräsentieren alle die Außenseite, die Du-Seite des Horoskops. Die Zeichen Krebs bis Jungfrau (1930 -71) siedeln unter der Horizontlinie, im unbewußten Bereich. Mit dem Zeichen Waage rückte Pluto über die Horizontlinie in den bewußten Raum des Horoskops. Das bedeutet nicht, daß wir nun die durch Pluto angezeigten Themen und Kräfte planend in die Hand nehmen und willentlich steuern könnten. Es heißt aber, daß wir Menschen uns dieser Themen massenhaft bewußt werden, darüber reflektieren und Möglichkeiten des bewußten Umgangs damit etablieren können.

Richtet sich die Menschheit auf zu einem Wesen, das um seine Herkunft weiß, seinen Willen zum Wohle Aller einsetzt, mächtig aber nicht gewalttätig ist? Ein Wesen, das seine kosmische und geistige Zugehörigkeit und sein erdhaftes und materielles Dasein in Einklang zu bringen versteht? Das klingt ziemlich utopisch, sollte aber letzten Endes doch möglich sein.

Doch die „Menschheit“ wird nun mal gebildet durch den einzelnen Menschen. Und der ist jetzt aufgefordert, seine ganz eigenen speziellen plutonischen Themen zu ergründen.

Zur Klarstellung: ich meine nicht, daß die bisherigen Pluto-Generationen sich nicht darum kümmern sollten. Nur scheint es für die folgenden eine zwingende Notwendigkeit. Es ist der erste Durchgang durch diese Zeichen, in denen diese zugeordneten Qualitäten dem Massenbewußtsein zugänglich sind. Die Erscheinungen scheinen zwar ähnlich denen vergangener Zeiten zu sein, der Umgang mit ihnen ist ein anderer.

Mona Riegger, eine bekannte Berliner Astrologin schreibt im Onlinemagazin „Sternwelten“:

„Die Kinder, die während des letzten Durchgangs von Pluto durch den Steinbock (1762 - 1778) geboren wurden, waren zur Zeit der „Französischen Revolution“ erwachsen. Sie erlebten nicht nur den Zusammenbruch aller bisher herrschenden Hierarchien, sondern auch die Napoleonischen Kriege, Vertreibung, Finanz- und Hungersnöte. Während des jetzigen Aufenthalts von Pluto in Steinbock ist zu erwarten, dass sich die derzeit herrschenden Strukturen ebenfalls grund-legend wandeln. Jetzt gilt es also, aus früheren Erfahrungen zu lernen und die Verantwortung dafür zu übernehmen, dass die Kinder,

die nun mit Pluto in Steinbock geboren werden, ein gesundes Fundament erben, um für den Neuanfang im nächsten Plutozyklus (ab 2068) gut gerüstet zu sein.“

Wie sehr sich momentan die „grundlegenden Strukturen“ in der Welt verändern, sehen wir jeden Tag in den Nachrichten oder auch hautnah persönlich. Doch anders als zu früheren Zeiten, wollen Viele dieses Schicksal nicht mehr nur passiv erleiden, sie handeln. Und so erleben wir zur Zeit den Begriff „Massenbewegung“ in ganz wörtlicher Auslegung. Kulturelle Vorstellungen und Normen mischen und verändern sich wie zu Zeiten der Völkerwanderungen. In diesen jeweils lang andauernden Perioden änderten sich wohl Namen und Zuständigkeiten von Göttern oder kulturelle Gepflogenheiten ganzer Völker. Das vorrangige Ziel des Menschen aber, ein verantwortliches freies Leben zu führen, blieb unverändert und ist heute durch den massenhaften Zugang zu diesem Ideal auch massenhaft aktuell.

Doch solange Plutos Energien nicht auch massenhaft „kultiviert“ oder menschlich angepaßt werden, sind die resultierenden Handlungen ebenfalls von Gewalt und Ohnmacht geprägt. Es bedarf einer Wandlung im Bewußtsein, ehe eine Wandlung in der äußeren Realität erfolgen kann.

Diese Prozesse sind meiner Meinung nach in Gang und sie sind langwierig.

Generationen im Pluto Zeichen

Für Pluto gilt, wie für die zwei anderen Geistigen Planeten, der zusätzliche oder eher hauptsächliche Effekt des schon beschriebenen Generationsthemas. Ich denke aber, es ist jetzt an der Zeit, der geistigen Arbeit des Einzelnen mehr Aufmerksamkeit zu widmen.

Zuerst muß hier die Verwendung des Begriffes „Generation" etwas näher erläutert werden. Speziell astrologisch meint er alle mit Pluto in einem Zeichen Geborenen. Genealogisch scheint es unterschiedliche Auffassungen über die Dauer einer Generation zu geben. Sie wird bestimmt durch den Zeitpunkt der Fortpflanzung. Allgemeiner Konsens waren einmal 20-25 Jahre. Neuere Untersuchungen gehen von 30 bis 35 Jahren aus, wobei die männliche Generationsfolge immer die längere ist. Auch schwankt die eigentliche Zeugungszeit und -willigkeit des Menschen sehr. Im Tierreich wird dieses Verhalten vorrangig durch das Nahrungsangebot bestimmt. Im Menschenreich spielen vielfältige soziale und politische Bedingtheiten hinein. Soziologisch wird eine Generation durch prägende und verbindende Ereignisse bestimmt: etwa die Kriegsgeneration, oder die 1968iger. Im allgemeinen Sprachgebrauch ist es Usus, einfach die 80iger oder 90iger zu sagen, die eben jeweils durch bestimmte Denkweisen und soziale kulturelle Gewohnheiten bestimmt sind. Diese prägenden Gemeinsamkeiten sind nun auch durch plutonische Themen innerviert.

Nun folgen aber die Generationen nicht statisch nacheinander; In der Lebensdauer eines Menschen existieren drei bis vier Generationen nebeneinander, sowohl genealogisch als auch soziologisch. Durch Plutos exzentrische Bahn ist seine Verweildauer in einem Zeichen sehr unterschiedlich. Dadurch müssen sich die Generationen mit einem kürzeren Pluto-Durchlauf mit mehreren Themen gleichzeitig befassen, die mit einem längeren Zeitraum von Pluto in einem Zeichen werden intensiver geprägt von diesem speziellen Thema. In der bisherigen bekannten Zeichenabfolge spielte das noch keine so große Rolle, denn das waren jeweils Zeiträume zwischen 12 und 14 Jahren. Dafür aber wurden in einem auch sozialgeschichtlich kurzen Zeitraum von 90 Jahren sechs verschiedene Energiezustände der Pluto zugeordneten Themen aktiviert. Plutos Hauptthema gilt der Vervollkommnung des Menschen; die Kenntnis und Einbeziehung aller Bereiche des menschlichen Wesens. Auch und vor allem der versteckten und verdrängten. Das Ziel ist der Mensch sowohl als Spezies, als Gruppe wie auch als Einzelwesen. Das Leitbild dieses Strebens wird jeweils durch das aktuell durchlaufene Zeichen definiert. Je schneller diese Wechsel erfolgt, desto mehr verschiedene Leitbilder prallen in der Lebenspanne eines Menschen aufeinander. Die momentane Situation ist die, daß **alle** bisherigen Zeichen durch heute lebende Menschen vertreten sind. Die Menschen mit Pluto im Krebs sind schon recht betagt, die mit Pluto im Steinbock noch sehr jung. Jedoch ist diese große 6 Häuser umfassende plutonische Zeichenfolge aktuelles geistiges Gemeingut. Eine Mehrheit der heutigen Menschen kommt mit mindestens 4 Variationen des Pluto-Themas direkt in Kontakt. Je nach den ganz persönlichen Bedingtheiten und Umständen des Menschen und seinem Entwicklungsverlangen wird das entweder eine Metamorphose auslösen oder reflexhafte Panikhandlungen.

Pluto befand sich nach seiner Entdeckung noch 8 Jahre im Zeichen Krebs. Danach für 19 Jahre im Zeichen Löwe. Die dann folgenden Zeichen wurden in 12, 13 und 14 Jahren durchlaufen. Ab 2023 im Zeichen Wassermann erhöht sich die Verweildauer wieder auf 19 Jahre und steigt dann für die nachfolgenden Tierkreiszeichen auf 25 bis 32 Jahre, wobei sich gleichzeitig der Abstand zur Sonne stark erhöht. Es bleibt dann mehr Zeit für die Umsetzung des jeweiligen Themas bei hoffentlich mehr Verständnis dafür. Diese künftigen Konstellationen können auch dahingehend interpretiert werden, daß mit zunehmender bewußter Individualisierung dieser Prozesse der Einsatz des egozentrierten Willens (Sonne) abnimmt.

Einerseits mag das heißen, daß die mit Pluto assozierten Ereignisse und Zustände noch weniger in der persönlichen

Handhabe liegen und somit auch weniger persönlicher Machtbefugnisse über Menschen ausgeübt werden können. Das bedeutet aber auch, daß damit die bewußte Steuerung der Prozesse der menschlichen Weiterentwicklung abnimmt. Im Klartext meine ich, wir sollten bis dahin als allgemeines Ziel der Menschheit die Vervollkommnung des Menschen zu einem sich selbst und seine Spezies liebenden Individuum deklariert haben. Sonst könnte eine rein technische Version des Menschen die gelobte Wassermann Zeit vervollkommnen. Die Liebe ist durch die Verschränkung mit Neptun impliziert. Was Uranus als Attraktor der Verbesserung der Lebensumstände noch dazu steuern kann, müßte noch einzeln untersucht werden.

Zu Beginn einer Zeichenzeit ist das Individuum den Prägekräften der vorangegangenen Generation ausgesetzt, muß sich dem Thema seiner eigenen Generation stellen und wird dann - je nach Zeitverlauf mehr oder weniger intensiv - schon mit den Themen der nächsten Generationen konfrontiert. Eltern und Lehrer werden die vergangenen Normen deklarieren. Die Gleichaltrigen gehen konform. Im Laufe des Lebens begegnet man dann den verschiedenst geprägten Menschen und vor allem seinem eigenen, im Horoskop sichtbaren, Entwicklungsziel. Die bei Anderen zu erkennenden Ziele bieten die Möglichkeit, das Leben als Vielfalt zu verstehen.

Die folgende Tabelle zeigt, wie viele verschiedene Energieformen des Pluto Thema sich in der Lebenszeit eines Menschen manifestieren. Da die Lebenszeit eines Menschen eine unvorhersehbare Variable ist, habe ich hier keine Dauer eingetragen. Ein jeder aber kann, beginnend mit jedem beliebigen Jahr, die verschiedenen Einflüsse selbst ablesen.

Sie sehen Jahreszahl und Tierkreiszeichen für Pluto (♈) sowie die Generationenfolge der Frauen (W) und der Männer (M).

Bevor ein ganzer Pluto-Zyklus beendet ist, befindet sich die weibliche Population eine ganze Generation weiter als die männliche.

Pluto in Jahr und Zeichen und Generationenverlauf

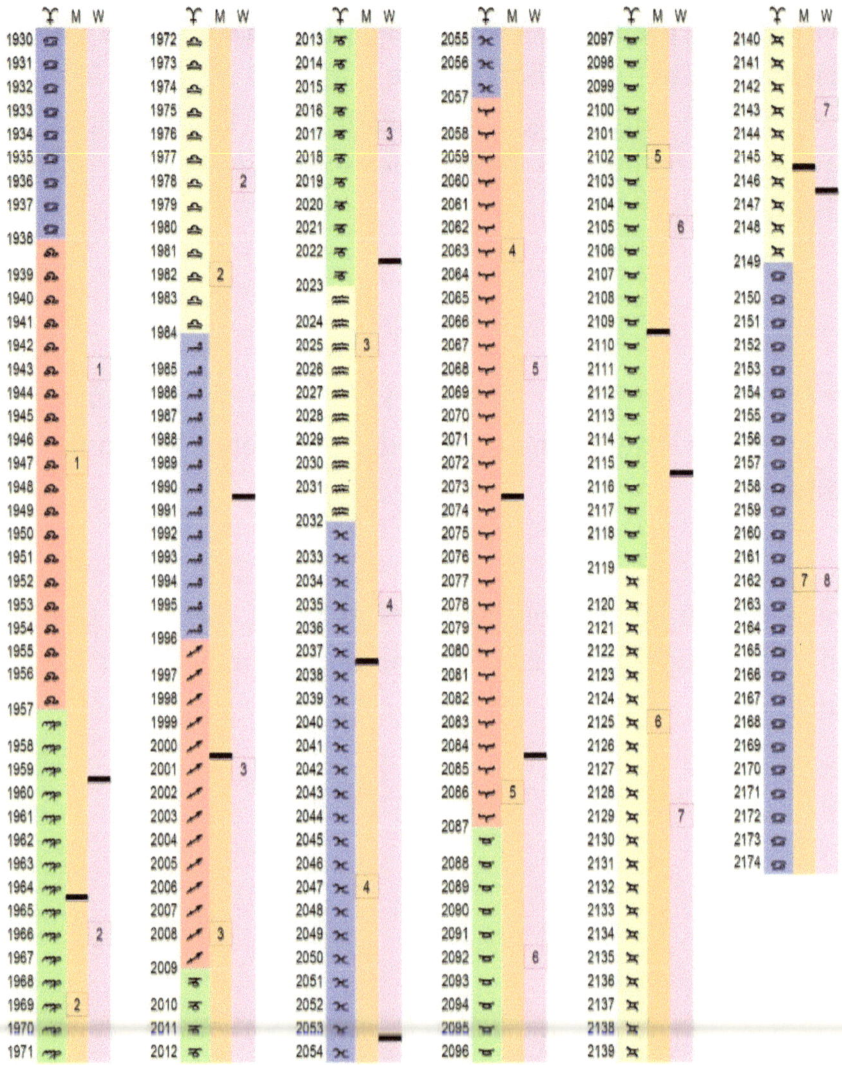

Abb.:M.Kerber, Lehrunterlagen „Geistige Planeten“

Das weibliche Thema

Die statistischen Generationen der Frauen sind kürzer als die der Männer, somit treffen Frauen schneller als Männer auf die neuen Themen, wie in der Tabelle zu sehen ist. Damit sind sie es auch, die das geistig Neue in die Welt setzen. Nirgendwo ist die schnelle Veränderung einer Gesellschaft, speziell in der westlichen Welt, besser abzulesen als an der Veränderung der Rolle, die Frauen und oder das Weibliche in einer Kultur einnehmen.

Die je kurze Verweildauer Plutos in einem Zeichen ergab eine Welle von Impulsen, die Wert und Selbstansicht des Menschen in relativ kurzer Zeit veränderten. Sie beleuchten und erklären den enormen Wertewandel der letzten 100 Jahre im Verständnis und Selbstverständnis der Frau. Dabei ist dieser Prozeß sehr wechselhaft und beileibe noch nicht abgeschlossen. Möglicherweise kann er das erst sein mit Vollendung eines vollen Umlaufs von Pluto um die Sonne.

Die Schweiz als typisches Beharrungsland brauchte immerhin noch bis 1971, um auch Frauen das Wahlrecht ausüben zu lassen. Als Trost und Ehrenrettung sei dazu gesagt, daß dies durch eine Volksabstimmung der Männer zustande kam. Trotzdem dauerte es noch weitere 20 Jahre, dieses Recht in allen Kantonen durchzusetzen. Dies mag veranschaulichen, wie überaus schwierig und langwierig

Änderungsprozesse im geistigen Bereich sind. Dasselbe Land war jedoch bei den ersten, die Frauen zum Studium an einer Universität zuließen. Aber lernen gehört in die Domäne von Saturn und Jupiter und vorrangig war das Studium der Medizin den Frauen zugänglich.

Regieren, also Gesetze erlassen und durchsetzen, ist dem 8. Haus und damit Mars/Pluto zugeordnet. Jurisprudenz war dann auch weltweit das letzte der für Frauen freigegebenen Studienrichtungen.

Heute, noch nicht einmal ein Menschenalter später, verschwendet niemand mehr einen Gedanken daran. Wohl aber gibt es überall die Frauenfrage und die Frauenquote und eine anhaltende Diskussion um Gleichberechtigung oder nicht usw. Und wenn auch noch immer die gesamte Welt (in den mir informativ zugänglichen Teilen) von patriarchalen Strukturen geprägt ist und durch diese regiert wird, ist doch gleichzeitig auch im Männerbild und der Wertung des Männlichen Bewegung sichtbar.

Auch, daß zwei große europäische Länder von Frauen regiert wurden oder werden (GB/Thatcher und DE/Merkel) zeigt diese Veränderung.

Mit Pluto hat das nicht nur insofern zu tun, als ein geistiger Planet nicht dieser menschlichen Einteilung in zwei Geschlechter unterliegt. Seine Zuordnung zum 8. Haus verbindet ihn grundsätzlich mit den Themen: weiblich, männlich, Eigenwert und gesellschaftlicher Wert.

Auf seiner Achse der Häuser 2 und 8 ist der eine Pol (Haus 2 Stier, Herrscher Venus) weiblich, der andere Pol (Haus 8 Skorpion, Herrscher Mars) männlich. So ist schon immer als angestrebtes Ziel im Leben eine Verbindung von männlichem und weiblichem Potential erwünscht. Pluto als Herrscher der neuen Zeit über Haus 8 verlangt zwingend eine Neubewertung dieser Pole bzw. eine Verbindung zwischen ihnen und eine Veränderung im Geistigen.

Über das Geistige wird es dann im Kollektivbewußtsein wirksam.

Generation Mann: repräsentiert durch Mars. Im Zeichen Widder (kardinal) steht er für Neubeginn, Angriffslust Expansion und Eroberung von neuer Umgebung. Im Zeichen Skorpion hütet er Gesetze und Geheimnisse.

Generation Frau: repräsentiert durch Venus. Im Zeichen Stier (fix) schützt und versorgt sie, sorgt für Wohlbehagen und Dauer. Im Zeichen Waage (kardinal) sorgt sie für bessere, also andere Zustände und versucht dies mit so wenig wie möglich Einbußen an Kraft und Bestand.

Die Handlungen mögen die gleichen sein, die Motivation hat sich aber offensichtlich auf das bis jetzt nachrangige Haus verlagert.Die aggressiven Handlungen des männlichen richten sich nicht mehr auf die Eroberung von Neuem (Mars 1.Haus) sondern dienen der Sicherung und Bewahrung der etablierten Werte (Mars 8.Haus). Nun ist aber auch Pluto in diesem 8. Haus anwesend und verlangt eine durchgreifende Werteänderung. Die äußeren Erscheinungen dazu erleben wir jetzt (2015) in der Ausprägung von Steinbockqualität. Wobei die Handlungen dazu an Mars und Sonne orientiert scheinen, in der Reaktion der Massen darauf aber durchaus auch höher motivierte Tendenzen (Pluto) zu sehen sind.

Die bewahrenden Tendenzen des weiblichen (Venus 2.Haus) verändern sich zu mehr Teilhabe am gesellschaftlichen Leben (Venus 7.Haus) s.o.

Vielleicht fällt mit der Zeit auch auf, daß Mars als Libido Planet und als aktives kämpferisches Prinzip von Handlung gedeutet wird, Venus aber hauptsächlich bei der Beschreibung als Frau, weiblich und Schönheitsideal stehen bleibt. Sie steht jedoch ebenso für Selektion und Assimilation. Ich weiß, das ist bekannt, trotzdem kommt es in Deutungen kaum vor. Ihre Auswahlfähigkeit, ihr sicherer Geschmack, ermöglicht ein gesundes Leben. Und damit ist nicht die Mode gemeint.

Öffnen einer Grenze

In der HUBERschen Planetentafel steht Pluto in der Spalte über Mars und Sonne. Das veranschaulicht gut seine Zugehörigkeit zur Definition der menschlichen Ich-Durchsetzung und der angestrebten Integration der Persönlichkeit. Mit Mars wird reflexhaft, mehr oder minder unbewußt, um die eigene Lebensart gekämpft. Mit Sonne setzen wir Willen und bewußtes Handeln für unser eigenes Leben ein. Mit Pluto transformieren wir Kraft und Willen in etwas, das über das reine Überleben hinausgeht. Es eröffnet sich die Möglichkeit, die Zugehörigkeit des einzelnen Menschen zur gesamten Menschheit und auch seine kosmische Verbundenheit zu erleben und zu verstehen.

Nun ist das weder eine statische noch eine zeitliche Abfolge. Es ist eine Angelegenheit der Reifung des Geistes des Einzelnen. Mal ungeachtet verschiedenster Rückkopplungseffekte hat jede Massenerscheinung ihre Basis im Handeln des Einzelnen, die dann zur Massenerscheinung wird. Der Hintergrund dieser „Massenhandlungen“ ist die jeweilige Zeitqualität. Zu ihrer Bestimmung gehören verschiedene Parameter, astrologisch zwingend auch die Bestimmung der drei geistigen Planeten Uranus, Neptun und **Pluto**. Die ihnen zugeordneten

Themen und Energien sind transpersonaler Natur. Sie dienen nicht mehr nur dem reinen Überleben sondern der geistigen Entwicklung sowohl des Individuums als auch des von ihm gebildeten Gemeinwesens.

Die gesamte Menschheit scheint vergleichbare Entwicklungsprozesse zu durchlaufen wie ein Einzelwesen. Zu Beginn der Menschheit war diese dinghaft mit allem Umgebenden verbunden wie ein Baby im Mutterleib. Diese Schwangerschaft der Erde mit dem Menschsein ist die Zeit, bevor ein Wesen erscheint, das sich seiner selbst bewußt ist. Allerdings sind unsere Möglichkeiten sehr begrenzt, diesen Beginn zu eruieren. Dann sind die Menschengruppen diesen umgebenden Kräften ausgeliefert und sie entwickeln Systeme zum Überleben - wie ein Baby oder Kleinkind, das schnell lernt, wie es zu dem kommt, was es braucht. Im Gegensatz zu einer tierischen oder menschlichen Mutter ist die Mutter Natur immer anwesend und die Menschheit wächst. Sie lernt sich selbst von der sie umgebenden Natur zu unterscheiden, sie lernt ihre geistigen Fähigkeiten der Erkenntnis zu gebrauchen. In Erinnerung an die vormalige Verbundenheit mit Allem bildet sie Mythen und Geister und Götter. Dann setzt der normale Entwicklungsprozeß der Vereinzelung ein. Das Wesen Mensch erkennt sowohl als Gemeinwesen wie als Individuum sich selbst als einzigartig. Die Person entsteht und fühlt sich einer Gruppe zugehörig oder nicht, aber nicht mehr untrennbar mit ihr verbunden. Sie muß nun für sich selbst Werte definieren und ihre eigenen geistigen Fähigkeiten ausloten. Das würde wohl der beginnenden Pubertät des Einzelwesens entsprechen. Einzigartigkeit ist aber auch Einsamkeit, was dem sozialen Wesen Mensch widerspricht. Somit wird gleichzeitig eine verstärkte Suche nach Zugehörigkeit ausgelöst. In europäischen Gemeinschaften setzte dieser Prozeß früher ein als in asiatischen. Die heute in der ganzen westlichen Welt gegenwärtig zu beobachtende Verherrlichung asiatischer Überlieferungen fußt auf der Erinnerung, einmal einem größeren Ganzen angehört zu haben und der Sehnsucht nach dieser Einbindung, die in diesen Überlieferungen noch schemenhaft vorhanden ist.

Mit der geistigen Resonanz von Pluto im Bewußtsein der Menschheit wird gegenwärtig eine Instanz (wieder) etabliert, die diese Rückverbindung, auch genannt religio, wieder herstellen kann. Das bedeutet, daß der Mensch ein bewußtes Einzelwesen ist und gleichzeitig weiß, daß er nicht nur der Menschheit sondern der Gesamtheit der Natur angehört.

Die moderne Zeit, deren Beginn man astrologisch mit der Entdeckung der transsaturnischen Planeten gleichstellen kann, bedeutet menschheitsgeschichtlich den Eintritt ins Erwachsenenalter. Doch wie auch das Einzelwesen Mensch eine längere Zeit benötigt, um zu wissen, daß es für alles, was es veranlaßt, verantwortlich ist, muß auch das Wesen Menschheit noch erst lernen, daß jede seiner Handlungen oder Unterlassungen Konsequenzen zeitigt.

Das Uranus Thema: Verbesserung der menschlichen Möglichkeiten und das Neptun Thema: Verbesserung der menschlichen Beziehungen ist schon länger in der Welt. Mit der geistigen Etablierung des Denkenden Prinzips (Uranus) und des Liebenden Prinzips (Neptun) öffnete sich der Weg zum Pluto Thema: Vervollkommnung des Menschen, der Metamorphose des Wesens Mensch zu einem vollständigen Individuum in freier Resonanz zu sich selbst und allen anderen.

In der Astrologie wird Saturn gern als der Grenzwächter des physischen Lebens bezeichnet, als Hüter der Schwelle, der erst alles Materielle gesichert und geordnet wissen muß, ehe man sich dem geistigen Raum erfolgreich zuwenden kann. Dem entsprechend kann man Pluto betrachten als den Grenzwächter zum übergeordneten kosmischen geistigen Raum, auch als esoterisch oder göttlich bezeichnet.

HUBERsche Amphora

In der HUBERschen Amphora ist die Zuordnung aller Planeten zu den verschiedenen Erfahrungsbereichen dargestellt. In der Mitte sehen wir übereinander die Selbstgestaltungskräfte des Menschen: Saturn, Mond und Sonne als Darsteller der drei Persönlichkeitsebenen.

Uranus, der den begrenzten Kreis der Ichheit durchstößt. Pluto, der dem Menschen die Weite einer das Ich überschreitenden Welt öffnet.

Dies veranschaulicht sehr schön die Aufrichtung des Menschen, indem er seine Triebnatur mit seinen geistigen Kräften in Einklang bringt.

Mars, Venus, Merkur und Jupiter verbinden den Einzelnen mit seiner Umgebung.

Zur Kraft von Pluto als Prinzip der Metamorphose gelangt man nur durch das Zulassen einer sowohl menschlichen als auch mystischen Erfahrung von Liebe, dargestellt von Neptun

HUBERsche Amphora

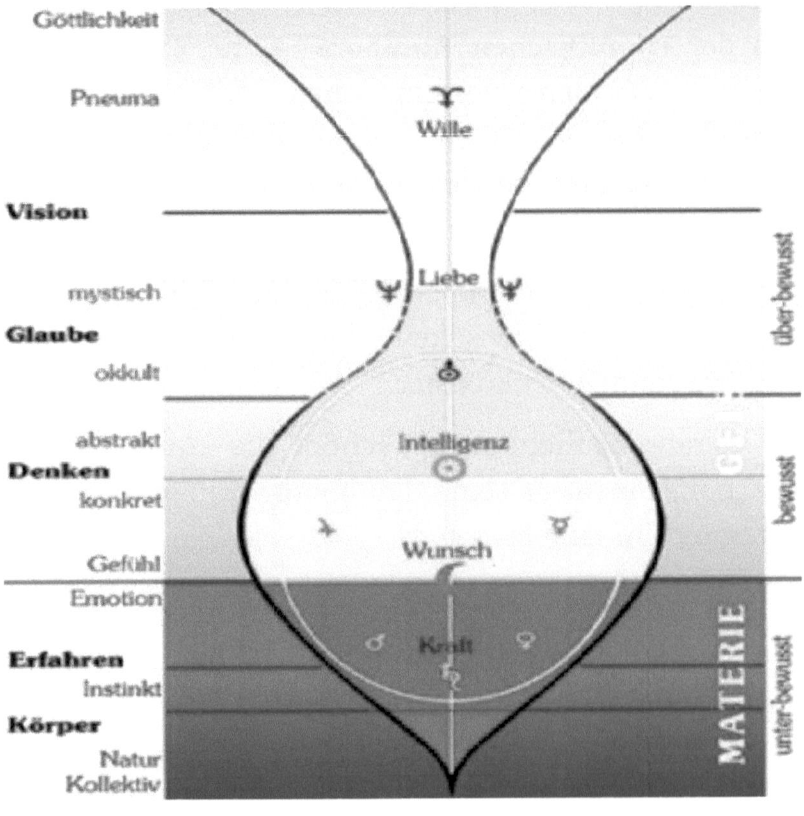

Lehrunterlagen Astrologische Psychologie

Pluto persönlich

Nach wie vor gilt: die durch Uranus, Neptun und Pluto repräsentierten Themen und Kräfte sind überpersönlich. Und anders als bei den Themen der Kreatürlichen Planeten gibt es kaum die Möglichkeit, eine persönliche willentliche Steuerung zu lernen. Diese Planeten beschreiben den „Geistigen Raum“, und betreffen damit die Entwicklung des Menschlichen an sich. Das Menschliche ist die Summe der Einzelwesen Mensch und das Leben ist eine sehr persönliche Angelegenheit.

Und so haben sie persönliche Auswirkungen auf das Individuum und dieses muß sich mit ihnen auseinandersetzen. Dies kann total unbewußt durch Erlebnisse, die scheinbar nur von außen einwirken, erlebt werden. Die Anhäufung plutonischer Themen über die Zeit, die Sonnen-Nähe bei seiner Entdeckung, seine derzeitige Stellung am MC und das Wechseln auf die Seite des Horoskops, die die Ich-Beziehung spiegelt, sprechen meiner Meinung nach dafür, die Stellung Plutos im persönlichen Horoskop stärker als bisher zu beachten. Und somit sowohl die seelische Erforschung als auch den Umgang damit in die mogliche Handhabe des Menschen zu stellen. So etwa, wie wir auch den Blitz nicht regieren können, wohl aber Kenntnisse über ihn haben und uns entsprechend verhalten.

Passender, weil mehr Pluto entsprechend, wäre hier der Vergleich mit einem Vulkanausbruch, aber über den wissen wir noch weniger. Beziehungsweise, nur ein paar Experten wissen etwas über ihn. Das scheint mir auch der derzeitige Stand vom Wissen über Pluto zu sein.

Literaturverweise

In einschlägigen Büchern und Astrologie-Seiten wird meist darauf hingewiesen, daß Pluto „nur ein Generationsthema" ist. Oder er wird einfach wie die klassischen sieben Planeten abgehandelt und überwiegend mit Begriffen von Macht/Ohnmacht und Gewalt/Opfer in Verbindung gesetzt. Konsens ist auch, daß sein Thema durch das Haus, in welchem er steht, gelebt wird. Einig sind sich Alle darüber, daß Pluto alle Bereiche, die er berührt, intensiviert bis übersteigert.

Das meint, daß er vom Zeichen her allgemein im Haus gedeutet wird, obwohl die Tierkreiszeichen als innere veranlagte Reaktionsweise betrachtet werden. Von seiner Stellung als Planet wird er aber durchaus in persönlichen Belangen beachtet.

Jeff GREENE hat in seinem großen Buch „Pluto. Die evolutionäre Reise der Seele" Pluto Themen unter dem Gesichtspunkt karmischer Entwicklungen ausführlich beschrieben. Diesen Bereich werde ich hier weitgehend außer acht lassen. Es ist weder meine Absicht, Eulen nach Athen zu tragen, noch will ich eines dieser modernen „Kochbücher“ liefern, die alles auflisten und nichts dem wirklichen Verstehen überlassen.

Im Buch „Planeten als Funktionsorgane“ von Bruno und Luise HUBER werden die allgemeinen Auswirkungen plutonischer Energie auf die drei Persönlichkeitsbereiche des Menschen kurz dargestellt: der physischen - repräsentiert durch Saturn, der emotionalen - repräsentiert durch Mond und der mentalen – repräsentiert durch Sonne.

Im Studienheft „Pluto in den 12 Häusern“ von Bruno HUBER in der auto didacta Reihe, werden sowohl alle möglichen Aspekte, die Zeichenenergien und die Rolle Plutos in den Häusern ausführlich beschrieben. Beide Bücher geben eine gute Grundlage, sich mit Pluto und seinen Zuordnungen zu befassen.

Peter ORBAN vertieft mit seinem Buch „PLUTO Über den Dämon im Inneren der Seele“ das Verständnis für das Wesen der Pluto Energie – und das in jeder Ebene des Begriffes „Wesen“.

Achsenthematik

Natürlich ist für eine Analyse vorbedingend, die Gesamtanlage des Menschen zu beachten sowie die Position des Planeten Pluto im Horoskop und alle Aspekte zu anderen Planeten. Das alles ist aber einer konkreten Besprechung eines konkreten Horoskopes vorbehalten. Hier kann es nur um ein allgemeines Vorgehen und Verständnis gehen.

Das Haus, in dem Pluto im Horoskop steht, zeigt uns nicht nur den vordergründigen Themenbereich an. Es variiert auch durch seine ursprüngliche Zeichenstellung die Art und Weise von Wahrnehmung und Reaktion des Horoskopeigners. Ein Löwe-Pluto im 1. (Widder)Haus wird anders erlebt werden als ein Löwe-Pluto im 3. (Zwilling)Haus oder im 12. (Fische)Haus. Damit ist nicht das thematische Erleben gemeint, das ist dem Haus zugeordnet. Es geht um die Art von Energie, mit dem das Zeichen modifiziert wird. Das dem Tierkreis entsprechende Zeichen des Hauses ist definiert, das Tierkreiszeichen, in dem das Haus beim Horoskopeigner steht, ist seine persönliche, genetische Ausrüstung, mit den Energien dieses Hauses umzugehen. Auch wenn das Zeichen, in dem Pluto steht, für eine Reihe von Jahren dasselbe ist und es demzufolge eine Pluto-Generation dieses Zeichens gibt, ist der Umgang damit dennoch sehr persönlich. Er wird auch bestimmt dadurch, wie vertraut oder unvertraut das jeweilige Element dem Horoskopeigner ist. Und welche Ausrüstung dieser hat, mit starken seelischen Eindrücken umzugehen.

Will ich Pluto verstehen, muß ich auch seine Achsenthematik beachten. Die grundlegende, um die es **immer** geht, ist die Achse der Häuser 2 und 8, wie schon beschrieben. Dazu kommt das Achsenpaar in dem Pluto selber steht, sowie die Achse der Zeichen Skorpion – Stier. Je nach Lage sind das also 1 – 3 Bereiche. In allen diesen Bereichen geht es um den Drang der Vervollkommnung. Dazu muß alles Vorhandene ans Licht geholt und bewußt gemacht werden. So läuft jede Verbesserungsaktion: Erst wenn ich weiß, was vorhanden ist, kann ich sehen, was zur Verbesserung noch fehlt. Und manchmal findet man ungeahnte Schätze, Vergessenes oder auch völlig neue Verwendungsmöglichkeiten für etwas, das man bisher für untauglich hielt. So schön und brauchbar diese Metapher auch sein mag, im persönlichen Erleben sind das meist recht schmerzhafte Vorgänge. Pluto wird nicht umsonst mit den verdrängten, ungeliebten, verteufelten Anteilen in uns assoziiert. Sie machen uns Angst und in Angst reagieren wir zunächst reflexhaft mit Wut, der Qualität des Mars und agieren mit dieser im Außen. Pluto verlangt die Konfrontation und Umwandlung im Inneren, im geistigen Bereich. Das ist nicht nur mit ein paar Aktionen oder

Erlebnissen erledigt, das ist eine Aufgabe für die ganze Lebenszeit. Doch eine jede Lösung, jedes Schrittchen in Richtung Vervollkommnung meiner/deiner selbst ist eine Anreicherung im kollektiven Bewußtsein der Menschheit. Von dort wirkt es zurück auf den Einzelnen.

Worum es bei Pluto-Themen auch **immer** geht ist die Verbindung von männlichen und weiblichen Anteilen, eine Aussöhnung mit dem Gegensätzlichen und die Beachtung der jeweiligen Besonderheiten. Das gilt bei jeder Achse, in die ein Pluto zugeordnetes Element fällt. Und damit wird auch jedes dieser Achsenthemen in gewisser Weise sexualisiert. Sexualität ist dem Tierkreiszeichen Skorpion (Mars/Pluto) zugeordnet. Sie war, und ist zum Teil immer noch, in weiten Bereichen tabuisiert oder zumindest mit festen Normvorstellungen versehen - ganz entsprechend dem 8. Haus. Pluto, das geistige Prinzip von Umwandlung zur Perfektion, erzwingt eine Auseinandersetzung mit diesem Thema. In welcher Form dies geschieht ist wiederum sehr individuell, auch wenn das Thema Sexualität an sich im gesellschaftlichen Diskurs ist. Es wird ebenso abhängen von den Umständen, die im Außen kreiert werden wie von der Bereitschaft zu Wahrnehmung und Reflexion. Es wird auch bestimmt werden von der individuellen Ausstattung des Menschen mit Kraft und Durchsetzungsvermögen.

Achsen

Bei der Achse 1/7 ist diese Verbindung schon immer gegeben, denn Mars (Haus 1) muß mit Venus (Haus 7) eine Vereinbarung finden, um Begegnungen (Haus 7) zu gestalten und seine eigenen Ideen (Haus 1) im Außen, in der Umwelt (Haus 7) durchzusetzen. Mit einem plutonischen Einschlag intensiviert sich das. Sowohl die eigene Darstellung als auch die Erwartung an das Gegenüber, wird von der eigenen, häufig unbewußten, Definition von geschlechtstypischem Verhalten bestimmt.

Die Thematik von Wert und Besitz der Achse 2/8 ist schon angesprochen. In bisherigen astrologischen Betrachtungen wird selten auf die spezielle sexuelle Problematik eingegangen. Der Stellenwert von Mann und männlich trifft auf den Stellenwert von Frau und weiblich. Das reagiert in beide Richtungen der Achse. Ausgelebt wird das auch in der sexuellen Belegung von Sachwerten.

Auf der 3/9 Achse geht es um die Integration von erlerntem Wissen und überkommener Art der Kommunikation (Haus 3) mit einer selbstbestimmten Weltsicht (Haus 9). Ist Pluto involviert geht es auch um die bewußte Selbstbestimmung der eigenen Sexualität (Haus 9). Auch der genderbestimmte Umgang mit Informationen kann ein Thema sein.

Die Achse 4/10 betrifft die Aufrichtung des Menschen, sein Hervortreten als Einzelperson (Haus 10) aus der Gruppe oder Familie seiner Herkunft (Haus 4). Mit Pluto oder seinem Zeichen in diesen Häusern wird es auch immer eine Auseinandersetzung wegen einer Zugehörigkeit oder Loslösung von einem geschlechtsspezifischen Bezugsrahmen geben.

In der Achse 5/11 ist der Persönlichkeitskern eines Menschen angesprochen. Wie kreiere ich mich selbst (Haus 5) und wen wähle ich als Begleitung (Haus 11) Plutonische Einschläge können das typisierte Machtverhalten aufrufen oder das völlige Gegenteil, jeweils abhängig von der Bewußtheit und Ausdruckweise der dem Horoskopeigner gehörenden Sonne. Die geschlechtsspezifische Ausprägung zeigt sich dann im Bekämpfen einer jeweils anderen Ausdrucksart.

Die Achse 6/12 beleuchtet das Verhältnis der Arbeit für Andere (Haus 6) zur Arbeit an sich selbst (Haus 12). Auch hier wird das Thema der einen oder anderen Seite übersteigert. Die für Pluto typischen Begriffe Manipulation oder Ohnmacht spielen ebenso eine Rolle wie genderspezifische Arbeitszuweisungen oder Ausgrenzungen.

Es bleibt also kein Bereich von dieser Problematik verschont, denn Sexualität ist dem Menschen innewohnend wie das Verlangen nach Essen oder Schlaf.

Doch anders als bei diesen beiden wird ihre starke kulturelle Verankerung weitgehend ignoriert. Mehr noch, das kulturgebundene Rollenverhalten von Mann und Frau wird allgemein mit männlich oder weiblich übersetzt und Sexualität statt einer frei wählbaren Handlung zu einer normierten Anordnung.

Die durch Pluto angezeigten und seit geraumer Zeit stattfindenden Wandlungsprozesse haben auch diesen Bereich aus dem Dunkel der Verdrängung gezogen. Die Normierung von Sexualität wird öffentlich hinterfragt und die institutionalisierte Ehe nicht mehr als die alleinige Lebensform einer menschlich intimen Beziehung angesehen. Auch das Rollenverständnis von Mann und Frau ist zumindest im Diskurs zur biologischen Tatsache.

So wird vielleicht im Laufe der Zeit die Gewalt, die dem Mars eigen ist mit dem Ego, das der Sonne eigen ist, verwandelt in die freie Präsenz absichtsloser Macht, wie sie uns durch Pluto repräsentiert wird. Damit würde die Sexualität zu einer Verbindung der animalischen Lebenserhaltung mit der über den einzelnen Menschen selbst hinausreichenden Anbindung ins Geistige, wie sie in einigen sehr alten Götterkulten überliefert ist.

Lagerung

Mit Pluto auf der Du-Seite wird der Wille zur Verbesserung mehr auf die äußeren Umstände, auf die Welt, gerichtet. Man erlebt Umbrüche und Zusammenbrüche als von außen initiiert. Es scheint schwieriger, sich selbst als den Verursacher von Entwicklungskrisen zu sehen. Doch oft kommt auch ebenso die Hilfestellung von außen. Mit Pluto auf der Ich-Seite werden diese Kräfte mehr im Inneren erfahren. Mitunter bekommt die Umgebung von diesen inneren Kämpfen erst Kenntnis, wenn ein sichtbarer Zusammenbruch erfolgte. Die wahren Umstände zu erkennen und die besten Möglichkeiten für sich zu finden, gelingt am besten in Stille und Innenschau. Mit Pluto im oberen Raum werden wir versuchen, diesen Geschehnissen verstandesmäßig beizukommen. Wir werden denken und Bücher wälzen und uns wundern, daß alles Wissen nichts zu helfen scheint. Ist das Wissen dann aber über unser Herz bis in den unbewußten Raum vorgedrungen, wissen wir unbeirrbar, welche Ziele und Wege für uns selber am besten sind. Im unteren Raum gelagert, wird es anscheinend aus dem Nichts über uns hereinbrechen. Wir werden Mühe haben, die Geschehnisse zu begreifen. Doch wir haben damit auch ebenso starke, scheinbar von selbst kommende Kräfte der Bewältigung dieser Krisen

Die Achsenthematik hilft uns dann dabei, die jeweiligen Kräfte zur Integration zu entwickeln. Da wir Pluto als den Willen zur Entwicklung der integrierten Persönlichkeit verstehen, sehe ich es durchaus als erforderlich an, ihn auch unter diesem persönlichen Blickwinkel zu betrachten.

Fremdheit

Noch eine nicht oft genannte Eigenart der mit Pluto assoziierten Angelegenheiten ist die Empfindung von Fremdheit. Das Zeichen Skorpion ist dem Element Wasser zugehörig und somit dem Gefühl. Mit seiner fixen Motivation ist es bewahrend und beharrend. Es greift auch die unterschwelligen Strömungen von Gefühlen auf, die eigenen und die Anderer und vergleicht automatisch das mit dem Verstand Erlebte damit. Dabei entstehen ständig Differenzen zwischen dem Gesehenen und Erlebten und dem Gefühlten. Wobei durch die anhäufende Bewahrung der Gefühle nicht immer zwischen momentaner und vergangener Situation unterschieden werden kann, zumal das Ganze meist recht unbewußt abläuft. Es braucht gute Selbstbeobachtung und Übung, diese Vorgänge im eigenen Inneren wahrzunehmen. Mit dieser wahrnehmenden inneren Instanz kann dann die emotionale Reaktion auf gegenwärtige Ereignisse besser gesteuert werden, das Gefühl der Nichtkongruenz bleibt aber bestehen.

Bleibt das Ganze unbewußt, ist es möglich, sich im Gegenüber ständig getäuscht zu fühlen, was entweder zu Vorwürfen oder zu misanthropischem Rückzug führen kann. Und im schlimmsten Fall auch als Krankheit mißverstanden wird.

Die Zuordnung zu Themen erfolgt analog obiger Auflistung der Achsen und ihrer Entsprechungen. Das Zeichen Skorpion wird dieses Erleben stärker auslösen als der Planet Pluto, weil der Planet als geistiges Werkzeug fungiert, das Zeichen aber eine uns innewohnende Reaktionsweise darstellt. Alle möglichen weiteren Zuordnungen sind im Wesentlichen schon angesprochen, bekannt oder nachzulesen. Sie entsprechen weitgehend den für Generationen angewendeten Begriffen, die im Zusammenhang mit Pluto oder dem Zeichen Skorpion stehen

Pluto in den drei Horoskopen nach HUBER Standards

Das bisher Gesagte gilt für das Grundhoroskop. Die Zuordnungen zu Themen und Achsen ist natürlich bei allen drei Horoskopen gleich.

Die Besonderheit im Mondknoten-Horoskop besteht darin, daß diese Themen in dieser Weise schon bekannt sind, jedoch im Unbewußten lagern. Das kann sich nachteilig anfühlen im Sinne von Ängsten, übersteigerten Erwartungen oder „Gewißheiten". Ein „das war schon immer so" Gefühl kann die Sicht auf neue Erfahrungen verstellen. Mit dem Wissen jedoch, was diesem Gefühl zugrunde liegt und daß es überhaupt in dem jeweiligen Zusammenhang existiert, bekommt die Person eine Möglichkeit, Erlebnisse und Erfahrungen neu zu bewerten und aus alten, nicht mehr adäquaten Mustern auszusteigen. Oder, wenn diese Muster dennoch greifen, was sicher immer mal wieder passieren kann, ist es möglich, eine geänderte Gewichtung zu erleben.

Das kann sich auch vorteilhaft anfühlen im Sinne von „das kann ich schon, auch wenn ihr mir das vielleicht gar nicht zutraut".

Es kann aber auch eine gewisse Trägheit erzeugen und die Anstrengung oder Auseinandersetzung mit dem angezeigten Thema verzögern, weil „ich das ja schon kann".

Plutonische Themen können nicht gelöst werden, denn sie sind ein Ideal der Perfektion, das in die Unendlichkeit weist. Wohl aber werden wir ständig an der Verbesserung des gegenwärtigen Zustandes arbeiten (müssen) mit dem Ziel, von Gewalt oder ohnmächtiger Wut hin zu angemessener Handhabe der Macht zu gelangen.

Freiwillig oder zwangsweise.

Die Pluto – Stellungen im Häuserhoroskop zeigen uns die Möglichkeiten und Kräfte an, die uns das Leben selbst dazu bietet, indem wir Teil einer Gruppe sind.

Grundhoroskop

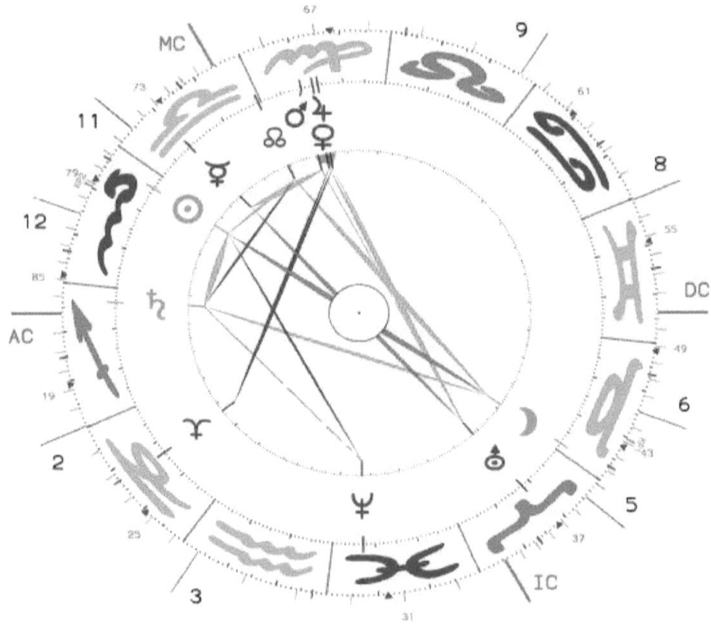

Pluto in Haus 2 mit Sextil zu Jupiter/Venus/Mars Haus 9. Zeichen Skorpion Haus 11, Sonne in Skorpion Haus 11

Zur Illustration ein Beispiel, in dem ich nur in Kurzfassung und eingeschränkt auf Pluto als Planet und seine Aspekte eingehe. Natürlich müßten hier außer den nicht beschriebenen Grundgegebenheiten auch alle anderen Plutothemen noch berücksichtigt werden. Das aber möchte ich den Lesern überlassen

In der inneren Version des Menschen wird hier die Frage nach Besitz und Eigenwert sehr hart gestellt: Was hast du an innerem und äußerem Besitz (Haus 2) ? Was hast du vorzuweisen an gesellschaftlicher Stellung (Steinbock) und welche Leistung rechtfertigt diese Stellung (Waage am MC) ? Das Sextil zu Venus/Jupiter im 9. Haus bekräftigt diese Frage nach Substanz. Jedoch muß diese zuerst im inneren Verständnis und in der klaren Unterscheidung der Funktion für sich selbst und für Andere gefunden werden (Jungfrau, eingeschlossenes Zeichen) Das 9. Haus weist uns auf das Erfordernis hin, die Lösung dieser Problematik in der Entwicklung einer eigenen Weltsicht zu finden, unterstützt durch das Zeichen Löwe (Ich). Dieses Ich kennt das Thema im Zeichen Skorpion schon durch die selbe Stellung im Mondknotenhoroskop. Und dennoch müssen zwingend die Gesetze und Wertevorstellungen der Gesellschaft berücksichtigt werden (Haus 8), denn Pluto steht hier in seiner eigenen Achse.

Mondknotenhoroskop

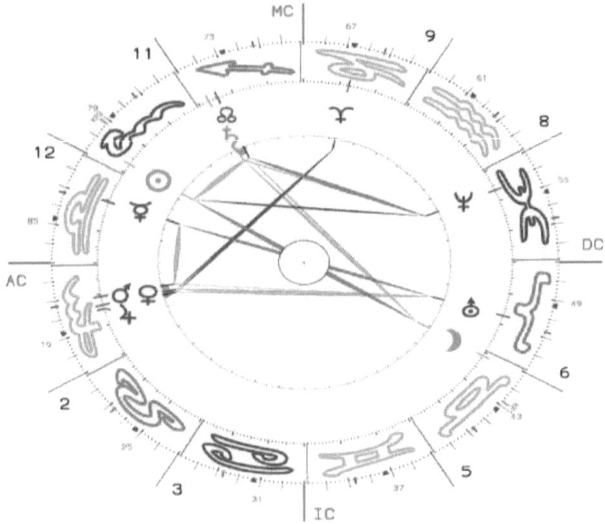

Pluto in Haus 9 im Sextil zu Mars/Venus/Jupiter im 1. Haus. Zeichen Skorpion Haus 11 und Sonne im Zeichen Skorpion im 11. Haus.

Das Pluto-Thema der Sonne ist bekannt, das Pluto-Sextil ist bekannt, aber ins 1. Haus verlagert. Im Unbewußten könnte die Beschreibung so lauten: Ich kann mit Macht und Gewalt, Sexualität, Tod und Geheimnis umgehen. Ich habe schon immer mit Gleichgesinnten nach Vervollkommnung gestrebt (Skorpion Sonne Haus 11). Ich kann meine eigene Weltsicht (Haus 9) durchsetzen (Sextil Mars Haus 1) Es gibt also wenig, was den Horoskopeigner von sich aus veranlassen könnte, die im Grundhoroskop zur eigenen Entwicklung geforderte Arbeit zu leisten.

Im **Häuserhoroskop**

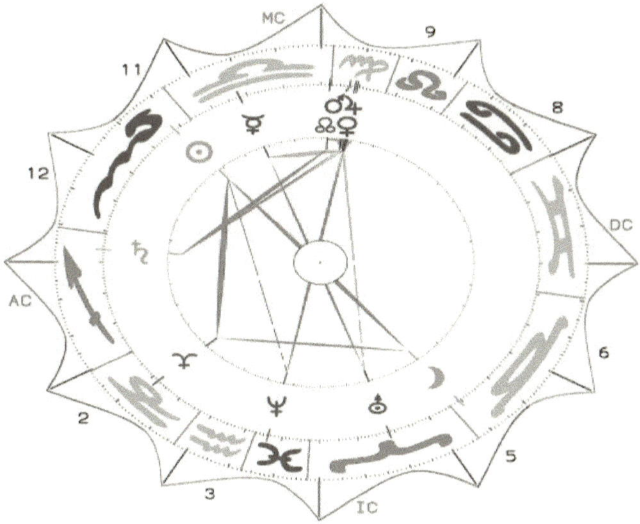

Skorpion Sonne 11. Haus, Pluto Haus 2 im Leistungsdreieck mit Sonne und Mond

bekommt die Frage nach Besitz und Wert eine äußere Dringlichkeit. Pluto steht hier mit Sonne und Mond in einer eigenen Figur, dem Leistungsdreieck (nach der HUBER Schule) Es stellt Energie zur Verfügung und verlangt Aktion. Die Aufforderung der Umwelt könnte verstanden werden als: setze deine Person ein zur Leistung für Besitz und Wert, und es wird nie genug sein (Pluto). Hier ist die im Unbewußten bekannte Skorpion Sonne in Haus 11 hilfreich, ebenso die schon vertraute Anbindung und energetische Ausstattung des Stier-Mondes in Haus 5 (wie im Mondknotenhoroskop).

Dieser Person ist also ihre mentale und emotionale Ausstattung vertraut. Sie kann ihren inneren Wert und ihre Freiheit durch Leistung im Außen für Besitz erhöhen, sobald sie sich nicht mehr dadurch selber definiert oder durch Andere definieren läßt.

Zusätzlich gibt die unterschiedliche Farbigkeit von Grundhoroskop und Häuserhoroskop denselben Hinweis:

Die innere Struktur verlangt ein Bewußtwerden (grüne Aspekte) der Problematik, die äußeren Anforderungen drängen auf Leistung und Energieeinsatz (rote Aspekte)

Pluto im Grundhoroskop zeigt die Themen der angestrebten inneren Entwicklung.

Pluto im Mondknotenhoroskop zeigt die im Unbewußten lagernde Erfahrung und Fertigkeit mit plutonischen Themen umzugehen.

Pluto im Häuserhoroskop zeigt die äußeren Umstände und „Druck"Mittel, die im Grundhoroskop angelegte Entwicklung auszuformen.

Wahl der Anstrengung

Sich der immensen Anstrengung geistiger Reifung zu stellen, kann ein lohnender Prozeß sein. Wenn Sie also erfahren wollen, wo Ihre größten Ängste liegen, von denen Sie womöglich nicht einmal wissen, erforschen Sie rückhaltlos alle Gebiete und Strukturen Ihres Lebens, die in irgendeiner Weise mit Pluto in Verbindung stehen. Im Horoskop finden Sie es dort, wo Pluto selber steht, mit allen seinen Aspekten zu anderen Planeten. Sie finden es im Zeichen Skorpion, und im achten Haus. Sie finden es auch als Widerspiegelung oder Achsenthema im zweiten Haus. Nicht zuletzt begegnen Sie diesen Themen periodisch immer wieder durch die Lupenwirkung des jeweiligen Alterspunktes[2)] und Transits. Man kann diese Themen verstecken und verdrängen, jedoch wirklich ausweichen kann man diesem kleinen Steinchen des Anstoßes mit den großen Auswirkungen nicht. Als Resultat, als gute Belohnung sozusagen, werden Sie das größte Potential zur persönlichen Entwicklung finden, eine Kraftfreisetzung sondergleichen, die Umwandlung von Angst in Handlungsfreiheit.

Wenn Sie keine Wandlung wollen oder brauchen lehnen Sie sich zurück und freuen sich an dem, was Sie haben. Es wird nicht bleiben. Leben ist Veränderung und die Art von

Energie, die durch die Entdeckung von Pluto im Bewußtsein freigesetzt wurde, sucht ihre Umsetzung.

Pluto symbolisiert Macht, nicht Gewalt, und manchmal, zugegeben selten einmal, kann eine machtvolle Erfahrung sogar persönlich angenehm sein.

Nachbemerkung

Sehr wohl ist es möglich, ein Horoskop ohne die geistigen Planeten zu interpretieren und für den biederen Alltag mag das auch gut, brauchbar und ausreichend sein. Es ist sogar manchmal nützlich, Problemstellungen und mögliche Antworten zuerst einmal ganz im faßbaren konkreten Rahmen anzuschauen. Bleibt es jedoch nur dabei, bedeutet es eine Reduzierung des Menschen auf seine animalischen und sozialen Funktionen.

Einmal in die Welt und ins Wissen Gebrachtes ist nicht ungeschehen zu machen. Ob wir es ignorieren oder begrüßen: Pluto ist entdeckt worden. Seine astrologischen Zuordnungen sind benannt worden. Die Art von Ereignissen und Zuständen, die ihm beigemessen werden, ist im Gange. Die menschliche Entwicklung hat eine neue Spirale betreten und wie bei der uns zugehörigen Galaxie wissen wir nicht wirklich, was dahinter noch alles kommen mag.

Die Wissenschaft vermutet neue Bereiche und ich selber vermute eine Erweiterung des menschlichen Bewußtseins, auch des kollektiven.

Man könnte die Wirkmechanismen, die wir mit Pluto und seinen Ableitungen assoziieren, ebenso auch als Katalysator begreifen. Ist ein solcher anwesend, laufen reaktive Prozesse anders ab. Manche Reaktionen sind sogar nur möglich bei Anwesenheit eines Katalysators. So wie Zucker zum Beispiel an offener Flamme lediglich schmilzt, bei der Anwesenheit von Asche aber selber brennt.

Aus wikipedia chemie:

Die Wirkungsweise eines Katalysators beruht auf seiner Möglichkeit, den Mechanismus einer chemischen Reaktion derart zu verändern, dass die Aktivierungsenergie verändert wird. Man „geht einen anderen Weg" auf der Potential-Hyperebene.

Der letzte Satz beschreibt doch recht genau die Vorgänge, die uns bei plutonischer Begegnung zur Weiterentwicklung, und damit zur Metamorphose unserer selbst drängen.

Psychologie als die Chemie unseres Selbst und als Katalysator der fremde kleine Pluto.

Anmerkungen

[1] HUBERsche Planetentafel

Einteilung der Planeten in korrespondierende Gruppen

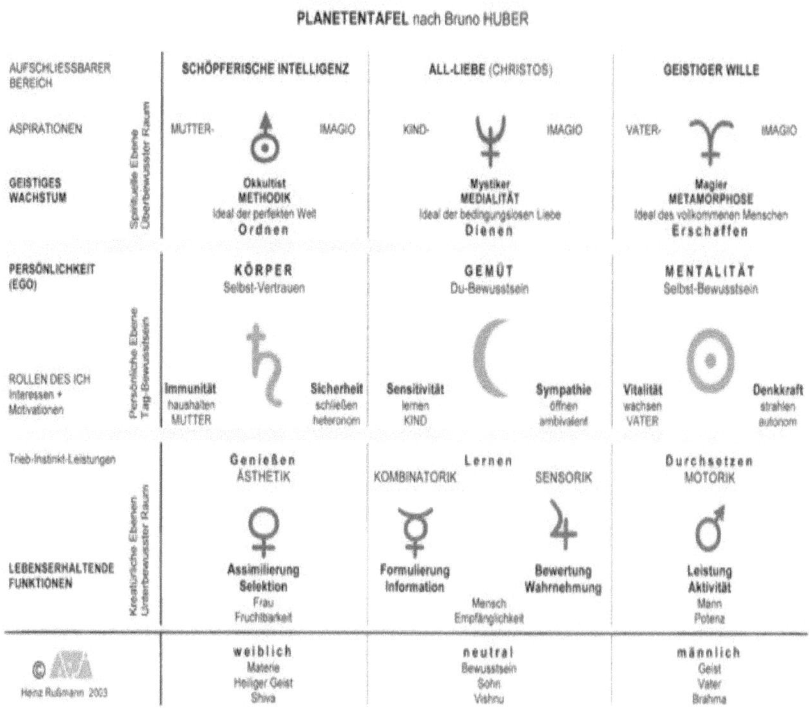

[2]**Alterspunkt:** Progressionsmethode der HUBER Schule, sie bezieht die Lebenszeit auf die Häuser. Der Alterspunkt durchläuft ein Haus entgegen dem Uhrzeigersinn in 6 Jahren

[3]**Transit** Aspekt eines aktuell laufenden Planeten zu einem Horoskopfaktor

Raum für persönliche Notizen